就職・転職からフリーランス、起業まで

IT
エンジニア
働き方
超大全

小野 歩

日経BP

はじめに

　本書は、異業種からITエンジニアに転職することを目指している人、ITとは異なる学部や学科からIT業界への就職を目指している人を対象にしています。そうした皆さんに、「思い描いていた通りのITエンジニアになれた！」と思っていただけるよう、そのために必要なことをこの1冊に凝縮しました。主としてIT業界未経験の人を対象にしていますが、単なる就職・転職ノウハウに止まらず、ITエンジニアとしてキャリアを伸ばしていくための情報もたくさん盛り込んでいます。ですから、すでにITエンジニアとして働いていて、よりよいキャリアを模索している人にもお役に立てる内容だと自負しています。

　私は、システム開発やプログラミングスクール運営に携わっているほか、いろいろな事業を進めています。

　その中でITエンジニアを志望する人向けの転職支援や、ITエンジニアのフリーランス転向支援も行っています。私自身、もともとITとは直接関係のない分野の大学院から新卒でITの世界に飛び込み、ITエンジニアとして数年間企業で勤めたというキャリアを持っています。そこで働きながら独立の準備を進めた末に起業し、今に至ります。これからITエンジニアを目指す人から現役ITエンジニアまで、多くの方々のキャリア相談に乗ったり、就職や転職などのキャリア支援に尽力してきました。その結果、これまでに1000人以上の人からキャリア相談を受け、100人以上のキャリア支援を成功に導くことができました。

　本書を手に取った皆さんは、きっとこんな疑問をお持ちなのではないでしょうか。

「ITエンジニアってどんな仕事なんだろうか？」
「どんな人がITエンジニアに向いているんだろうか？　自分は向いている

んだろうか?」
「どうやって未経験からITエンジニアになったらいいのだろうか?」
「今の年齢やこれまでの経歴で、ITエンジニアになれるのだろうか?」
「どこから手をつけたらいいのだろうか?」
「どんな資格をとったり、どんなスキルを身につけるのがいいのだろうか?」

「自分の市場価値はどれくらいなんだろうか?」
「どんなタイミングでフリーランスに転向すればいいのだろうか?」
「今のスキルや経験値でフリーランスに転向できるのだろうか?」
「フリーランスに転向すると収入はいくらになるのだろうか?」
「フリーランスになった先にはどんな道があるんだろうか?」
「法人化や起業はどうしたらいいのだろうか?」

　こうした疑問は、ITエンジニアになることを検討している人や、すでにITエンジニアとして働いている人が、自分の将来を考えるときに必ず持つ疑問です。ITエンジニアの転職支援をしている私がよく受ける質問でもあります。

　業種や分野が異なるところからITエンジニアを目指すとなると、IT業界やITエンジニアの仕事、必要な知識やスキルなど、わからないことばかりでしょう。本書では、そうした皆さんの疑問が解消できるように、ITエンジニアの基本について説明しています。

　でも、上記のような疑問を解消できたら、就職・転職がうまくいくかというと、決してそういうわけではありません。着々と実績を作り、「ITエンジニアになってよかった」と言っている人もいます。でも、一方でなかなか定着できず、転職を繰り返すばかりでスキルも実績も積み上げられない人もいます。何が違うのでしょうか。

　端的に言うと、ITエンジニアになってから先のことまで考えている人と、ITエンジニアになること自体をゴールとしてしまっている人との違いです。「将来、どのようになっていたいか」を中長期的な視点でゴールをイ

メージできているかどうかの違いといってもいいでしょう。IT エンジニアになることはもちろん、どういう会社に転職するか、どういうスキルや実績を重ねればいいのか、どんな資格を取ればいいのかなどは、そのゴールに到達するための手段でしかありません。

　ゴールに到達するために、その手段をくわしく知っておくことは重要です。ですが、手段についてくわしくなればそれでいいというわけではありません。それが、「上記のような疑問を解消できたら、就職・転職がうまくいくかというと、決してそういうわけではない」と書いた理由です。

　私が就職・転職を希望する人を支援する際、お互いにじっくり話をすることでよりよいキャリアを探っていきます。その中で、私から必ずする質問があります。それは

「○○さんの IT エンジニアとしての『キャリアビジョン』はありますか？」

です。でも、初めてこの質問をされたときに、即座に、明確に答えられる人はほとんどいません。実際には、キャリアビジョンを持つところから一緒に考えて、就職・転職を支援します。このキャリアビジョンが皆さんの"ゴール"です。

　でも、きっと皆さんは「では、この『キャリアビジョン』とは一体何なのか？」と思うでしょう。それももっともです。今までのキャリアサポートを通じて私が得た、就職・転職の際に大事になることがキャリアビジョンでした。IT エンジニアへの就職・転職に成功している人は、必ずといっていいほど明確なキャリアビジョンを持っています。キャリアビジョンが重要なのは、先々フリーランスに転向するときも同様です。本書では、これを最初に考え、それを実現するために必要なことをまとめました。一緒にキャリアビジョンについて考えていきましょう。

　IT エンジニアになることを考えている皆さんには、ぜひ本書で IT エンジニアに関するキャリア全般の知識を広げ、IT エンジニアとして最高のスタートを切っていただきたいと思っています。

2024 年 4 月

小野 歩

Contents

第1章

これだけある
"ITエンジニアを選ぶ" 理由 ……………………………… 11

第 **4** 章

ITエンジニアに
なるための準備

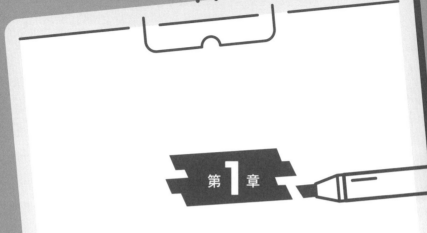

第1章

これだけある
"ITエンジニアを選ぶ"
理由

本書を手に取った皆さんは、ご自分の進む道としてITエンジニアを選んだか、もしくは、今まさにITエンジニアになることを検討しているところなのではないでしょうか。今現在はITエンジニアとは縁遠いかもしれないが、それでもITの世界に飛び込んで成功したい、身を立てたいと考えている皆さんに向けて、ぜひ思い描いた通りの将来を導くために何を考えておいたほうがいいのかをまとめたのが本書です。ぜひ本書で、皆さんが選んだITエンジニアへの道を成功への道にしていただければと思っています。

　私自身も、ITとは直接関係のない分野の大学院からITの世界に飛び込み、社員エンジニアとして約4年間勤めました。働きながら独立のための準備を進めて起業しました。今ではいくつかの事業を手掛けています。IT関係の事業としては、システム開発やプログラミングスクール運営に携わっているほか、ITエンジニアを志望する人向けに主として転職支援をしています。そうした活動を通じて得た知見をもとに、どうすればITエンジニアになれるか、どうすれば就職・転職したあとによりよいキャリアを積んでいけるかについて、皆さんにお伝えしたいと思います。

　そのためにも本章では、まずITエンジニアに目を付けた皆さんの選択が"間違っていないこと"を明らかにしたいと思います。その後のキャリアをプランするうえで、自信を持って考えていただきたいからです。皆さんもある程度は下調べをしていることとは思いますが、あらためてITエンジニアになる価値や、ITエンジニアを取り巻く環境についてお話したいと思います。

　ここで、本書が対象とする人について明らかにしておきましょう。本書は、これから社会に出て最初のキャリアとしてITエンジニアを選ぼうとしている方、または転職をしてITエンジニアを選ぼうとしている方に向けてまとめています。とはいえ、すでにIT業界の中にいて転職を考えている人や、情報処理などの分野で勉強や研究、インターン活動を通じて、IT業界についての知識を持っている新卒の人にも役立つことをできるだけ盛り込んだつもりです。

　IT業界について決して縁があったわけではない人は、IT業界に入る前

にITエンジニアという業種の特徴や、業界の現状、今後の展望を客観的に見て、理解を深めておくことは、大事なポイントになります。

ITエンジニアの3つの特徴

ITエンジニアという職業には3つの特徴があります。それは①資格制度が充実していること、②成長のステップが明確であること、③フリーランスなど働き方の自由度が高いこと、の3点です。他の多くの業界と異なり、こうした特徴がITエンジニアを選ぶうえでの魅力になっています。ここからは、そうした魅力についてくわしく見ていきましょう。

資格制度が充実している

私自身のことを振り返ってみようと思います。私は大学および大学院では地球や宇宙に関する分野の研究をしていました。海洋の堆積物や化石から当時の地球環境を推測し、地球温暖化など今後の地球環境の変化に役立てる基礎研究です。大学院時代には40日間ほど研究船に乗り、南極近くの海域まで研究に使用するサンプルを回収に行ったという経験もあります。大変でしたが、今となってはよい思い出です。研究室では主として化学分析を担当していたため、専門的な機器を扱いながらデータを収集し、そのデータを分析する際にはIT技術を活用していました。

卒業後、最初のキャリアとしてIT業界を選びました。大学院での研究とは決して近かったわけではありませんが、いくつかの理由からIT業界に目を付けました。その最大の理由の1つが「ITエンジニアになれれば、

手に職が付くから」です。ITエンジニアとしてスキルや知識を高め、経験を積むことが「手に職が付く」ことになります。そうすれば、ITエンジニアとしてもキャリアの安定につながると考えました。九州出身だった私は東京での就職を目指しましたが、将来的に東京から地元に戻ることになったとしても、ここでITエンジニアの実力を培っておけば、引き続きITエンジニアとしてのキャリアを積み重ねていけるのではないかと考えたのです。

　IT業界は、そうしたスキルや知識、経験を量るのに役立つ資格が充実しています。これがITエンジニアの特徴の1つです。さまざまな資格があることで、自分がスキルアップした際の能力を客観的に証明することが可能になります。多くの領域ごとに資格が用意されているため、自分のスキルの幅が広がっていくのに合わせて取得する資格を増やしていくことができます。

　資格には大きく分けて、国家資格とベンダー資格の2種類があります。

　国家資格は、ITSS（IT Skill Standard／ITスキル標準）と呼ばれる経済産業省が策定したIT人材のスキル体系に沿っています。

図1-1　ITSS（ITスキル標準）の公式ページ（https://www.ipa.go.jp/jinzai/skill-standard/plus-it-ui/itss/index.html）

ここで策定されているITスキル標準では、キャリアパスに必要なITスキルが細かく分類され、全体では幅広いスキルをカバーしています。

　各スキルにはそれぞれレベル1〜7が設定され、それぞれの職種および専門分野の習熟度に応じた試験と資格が用意されています。

表1-1 ITスキル標準の全体像。IPA(情報通信処理機構)の資料をもとに作成

職種	専門分野	レベル						
		7	6	5	4	3	2	1
マーケティング	マーケティングマネジメント	✓	✓	✓				
	販売チャネル戦略		✓	✓	✓			
	マーケットコミュニケーション		✓	✓	✓	✓		
セールス	訪問型コンサルティングセールス	✓	✓	✓	✓	✓		
	訪問型製品セールス		✓	✓	✓	✓	✓	✓
	メディア利用型セールス			✓	✓	✓		
コンサルタント	インダストリ	✓	✓	✓	✓			
	ビジネスファンクション	✓	✓	✓	✓			
ITアーキテクト	アプリケーションアーキテクチャ	✓	✓	✓	✓			
	インテグレーションアーキテクチャ	✓	✓	✓	✓			
	インフラストラクチャアーキテクチャ	✓	✓	✓	✓			
プロジェクトマネジメント	システム開発	✓	✓	✓	✓	✓		
	ITアウトソーシング	✓	✓					
	ネットワークサービス		✓	✓	✓			
	ソフトウェア製品開発	✓	✓	✓	✓	✓		
ITスペシャリスト	プラットフォーム		✓	✓	✓	✓		
	ネットワーク		✓	✓	✓	✓		
	データベース		✓	✓	✓	✓		
	アプリケーション共通基盤		✓	✓	✓	✓	✓	✓
	システム管理		✓	✓	✓	✓		
	セキュリティ		✓	✓	✓	✓		
アプリケーションスペシャリスト	業務システム		✓	✓	✓	✓	✓	✓
	業務パッケージ		✓	✓	✓	✓		
ソフトウェアデベロップメント	基本ソフト		✓	✓	✓	✓	✓	✓
	ミドルソフト		✓	✓	✓	✓		
	応用ソフト		✓	✓	✓	✓		
カスタマサービス	ハードウェア			✓	✓	✓		
	ソフトウェア			✓	✓	✓	✓	✓
	ファシリティマネジメント		✓	✓	✓	✓		
ITサービスマネジメント	運用管理	✓	✓	✓	✓	✓	✓	✓
	システム管理		✓	✓	✓	✓		
	オペレーション				✓	✓		
	サービスデスク				✓	✓		
エデュケーション	研修企画		✓	✓	✓			
	インストラクション		✓	✓	✓	✓		

これを見ると、ITといってもどういう職種があって、さらに各職種の中で細分化された専門分野が設けられているかがわかります。くわしくは第2章以降で説明していきますが、ひと言でIT業界あるいはITエンジニアといっても、かなり幅が広いことがおわかりいただけるでしょう。そのそれぞれに求められるレベルが設定されており、自分が到達できたレベルとして示すことができます。

仕事をする前に取得可能な資格も

情報処理技術者試験および情報処理安全確保支援士試験も、重要な国家試験です。これも領域とレベルに応じて合わせて13種類の試験が提供されています。

図1-2 IPAによる情報処理技術者試験および情報処理安全確保支援士試験のWebページ（https://www.ipa.go.jp/shiken/about/index.html）

情報処理技術者試験は、ITSSのITスキル標準レベルに対応していま

す。情報処理技術者試験に合格することで、その結果をITスキル標準レベルに照らし合わせ、どの分野でどれくらいのレベルに達しているかを示せるようになっています。目的により、試験は大まかに4種類に分けることができます。どのような目的で、どういった試験があるのか、主なものについて見ていきましょう。

❶ 全般的なITの利活用に関する知識を測る

- ITパスポート試験
- 情報セキュリティマネジメント試験

どちらの試験も、ITを利用するうえで最低限知っておくべき基礎的な知識を問われる試験になっています。いずれも、これを取得することでITの基礎的な知識を持っていることの証明になります。

❷ ITエンジニアに共通する知識や技能を測る

- 基本情報技術者試験
- 応用情報技術者試験

基本情報技術者は、ITエンジニアの入門資格にあたります。ITパスポートより出題範囲が広く、プログラミングやネットワーク、ハードウェア、関連の法律など、幅広い知識が必要となります。

これに対して応用情報技術者は、ITエンジニアとして指示がなくても自分で考え仕事ができる知識を持っているかを評価する資格です。実務経験を積んだ中堅以上のITエンジニアなら取得しておきたい資格です。

❸ 専門分野の高度な知識や技能を測る

- ITストラテジスト試験
- システムアーキテクト試験
- プロジェクトマネージャ試験

```
├─ ネットワークスペシャリスト試験
├─ データベーススペシャリスト試験
├─ エンベデッドシステムスペシャリスト試験
├─ ITサービスマネージャ試験
└─ システム監査技術者試験
```

　こうした試験により、各分野での専門的な知識とスキルを持っていることを示すことができます。たとえば、「プロジェクトマネージャ試験」は、システム開発プロジェクトの目的を実現するために、プロジェクト全体のマネジメントを行いプロジェクトを成功に導く業務全般を行う人の試験です。

　また、ネットワークエンジニアやデータベースエンジニア（詳細は第2章で説明します）になった場合は、「ネットワークスペシャリスト試験」や「データベーススペシャリスト試験」により、一定のレベル以上の専門知識とスキルを持つエンジニアであることを証明できます。ネットワークスペシャリスト試験では、ネットワークに関係する専門技術を活用し、ネットワークシステムの企画から要件定義、開発、運用、保守において技術支援を行い、主導的にこうした業務にあたれるかが試されます。データベーススペシャリスト試験でも、データベースに関係する専門技術を活用し、情報システム全体のデータ資源およびデータベースの企画、要件定義、開発、運用、保守を主導的に行い、なおかつ技術支援もできる人材であることを示せます。同様にこれ以外の試験も、それぞれ各領域で主導的に業務を推進できる人材であることを示す試験です。

❹ サイバーセキュリティの推進に関わる知識や技能を測る
└─ 情報処理安全確保支援士試験

　サイバーセキュリティに関する専門的な知識や技能を活用し、企業や組織における安全な情報システムの企画、設計、開発、運用を支援できるだけの知識とスキルが評価されます。また、サイバーセキュリティ対策の

適用に関する調査、分析、評価を行い、その結果に基づき必要な指導や助言ができる技量も試されます。

　合格するには実質的に実務経験がないと取得が難しい試験もありますが、一方でITエンジニアになる前に学習し、必要な知識を蓄えておけば取得できる資格もあります。たとえば、ITパスポート試験、情報セキュリティマネジメント試験、基本情報技術者試験などは、就職・転職する前に取得するのに向いている試験です。そのための学習を通じて、ITエンジニアの世界をあらかじめのぞいておくこともできて、就職・転職前の知見を広げることにもつながります。

　ITエンジニアになったあとは、ご自身のキャリアパスに沿って定期的に試験を受け資格を取得することで、ITスキルの習熟レベルやITエンジニアとしての価値を証明することができます。自己学習の成果やスキル、知識のレベルアップを測るために、こうした公的試験にチャレンジすることもお薦めします。

自社製品に関連した資格を 提供するベンダーも

　国が提供するITSSや情報処理技術試験とは別に、ベンダー資格もあります。これは、ハードウェアやソフトウェアなどを販売しているベンダーが独自に実施する試験で得られる資格のことです。

　ITエンジニアとして現場に入ると、ベンダーが出しているハードウェアやソフトウェアを利用してシステム開発を行うことが大半です。そのため、そのハードウェアやソフトウェアにどれだけ習熟しているかを測る指標となります。こうした資格を持つエンジニアが開発チームにいることで、システムを発注する側からすれば安心して製品の導入を進めていいと判断できるわけです。

　それだけにシステムを開発するIT企業からすれば、こうした自社が扱

う製品のベンダー資格を持つスタッフがいることが、クライアントに対しての強みになります。ITエンジニア自身のITスキルの証明にもなり、キャリアアップする際の評価対象にもなります。

　ベンダー資格については、ITエンジニアとして仕事を始めてから取得するものばかりです。自分が就職した企業、配属された部署によって変わってくるので、資格の取得についてあわてる必要はありません。仕事をしているうちに会社から取得することを求められることもあるでしょう。具体的な取得はそのときに検討することになりますが、ここでは代表的なベンダー資格をいくつかご紹介しておきます。

● Java SE 認定資格

　日本オラクルが認定する、プログラミング言語Javaの技術者資格です。Javaは、主としてサーバー上（バックエンド）で使用するプログラミング言語です。歴史もあり、さまざまなシステム開発で広く使用されています。

　この資格にはBronze、Silver、Goldと3つのランクがあり、エンジニアのレベルに応じてBronzeが入門資格、Silverが開発初心者向け資格、Goldが開発中上級者向け資格という位置付けになっています。

図1-3 Java認定資格のWebページ（https://education.oracle.com/oracle-certification-path/pFamily_48）に表示されたJava SE関連資格

　Bronzeは、Javaを使用したオブジェクト指向プログラミングの基本的な知識を持っていることを証明するもので、これは独学で十分取得することができます。

　Silverは、Javaでのシステム開発に必要とされる基本的なプログラミングの知識があり、上級者のもとで開発作業ができることを証明するもので、プログラミングスクールを卒業したなど一定のレベルの学習を達成したレベルや、入社1年目レベルでも取得することができます。

● ORACLE MASTER

　これも日本オラクルが認定する、データベースの技術者資格です。

ITエンジニアの中でもサーバー側のソフトウェア開発に携わる場合[1]は、データベースと関連したシステム開発を行うことが多く、データベースの知識や経験は必須と言えます。

ORACLE MASTERには Bronze DBA、Silver DBA、Gold DBA、Platinum DBAという4つのランクがあり、データベースの管理スキルを持っていることの証明になります。

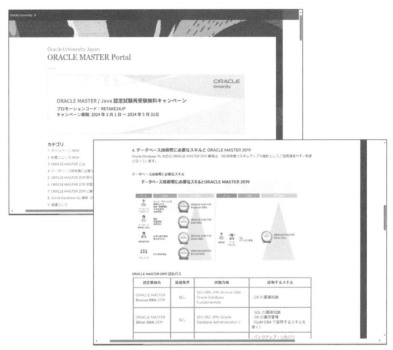

図1-4 ORACLE MASTERのポータルサイト（https://www.oracle.com/jp/education/index-172250-ja.html）で、各資格の詳細を見ることができる

Bronze DBAは、ITエンジニアとしてデータベースの基礎的な知識を持っているレベルです。

---

*1 主としてサーバーやデータベースに関連した部分を開発するエンジニアを、「バックエンドエンジニア」と呼ぶことがあります。

Silver DBAになると、データベースの運用担当者としての知識を持ち、SQLというデータベースを操作する言語を使用できるレベルを指します。

　Gold DBAは、設計・構築・運用まup;できるデータベース責任者、Platinum DBAはさらに重要度や緊急度が高いシステムの責任者を務められるレベルです。

● シスコ認定試験

　シスコシステムズの製品に関するIT分野の技術者認定です。

図1-5　シスコ認定試験のWebページ（https://www.cisco.com/c/ja_jp/training-events/training-certifications/exams.html）

　シスコシステムズは、ネットワーク機器の最大手企業で、サーバーやネットワークなどの構築や運用などに携わるエンジニア[*2]になると、同社の製品を業務で使用する機械が多くなるはずです。

---

*2　ソフトウェア開発ではなく、サーバーやネットワークなどの構築・運用などの業務に携わるエンジニアをインフラエンジニアと呼びます。中でもネットワークに特化した場合はネットワークエンジニアと呼ぶこともあります。

認定レベルは5つあり、「エントリー」、「アソシエイト」、「プロフェッショナル」、「エキスパート」、「アーキテクト」の順で難易度が上がっていきます。

未経験からインフラエンジニアを目指す場合、まずはアソシエイトレベルの「CCNA（Cisco Certified Network Associate）」の取得をお薦めします。ネットワークの知識や業務でよく扱うシスコ製品に関する知識などを評価する資格なので、実務経験がなくても学習により取得可能です。インフラエンジニアを目指す場合、CCNAを取得していることが就職や転職で有利になることがあります。

● AWS認定資格

自社のシステムを構築する際、サーバーなどのインフラを自前の物理サーバーではなく、Web上のクラウドに構築するケースが増えています。これを「クラウドシフト」といいます。その際に採用するクラウドサービスの中で、世界最大のシェアを持つのがAWS（Amazon Web Services）です。これにもベンダー資格が用意されています。AWS認定資格です。

AWS認定資格は、AWSに関する総合的な知識、設計・構築・運用能力、管理能力、複雑で高度なシステムにおける管理能力を測る資格です。

図1-6　AWS認定資格のWebページ（https://aws.amazon.com/jp/
certification/）

　AWS認定には、職種に応じて12種類の資格があります。各資格は
難易度によってFOUNDATIONAL、ASSOCIATE、PROFESSIONAL、
SPECIALTYの4つのレベルに分類できます。

　未経験からインフラエンジニアやクラウドエンジニアを目指す場合
は、FOUNDATIONALレベルの「AWS認定Cloud Practitioner（クラウ
ドプラクティショナー／CLF-C01）」の主取得をおすすめします。これは、
AWSの全体的な知識が身に付く基礎的な資格です。AWSの公式ページ
でも他のレベルとは異なり、事前の経験が必要ないとされています。

　インフラエンジニアの道を選んだ場合、あるいはすでにインフラエ
ンジニアとして業務に携わっている人がクラウドエンジニアへのキャリ
アアップを目指す場合は、ASSOCIATEレベルの「AWS認定Solutions
Architect（ソリューションアーキテクト）アソシエイト（SAA-C02）」の
取得から始めるとよいでしょう。基礎的な知識だけでなく現場で実際に
使われる技術的な内容の習得を測る資格になっています。ASSOCIATE
レベル以上は、開発あるいは構築現場での経験があることが望ましいと
されています。

● マイクロソフト認定資格

マイクロソフトが実施する、マイクロソフト製品に対する知識と技能を
レベル別に認定する試験です。

図1-7　マイクロソフト製品やサービスの技術レベルを認定するマイクロ
ソフト認定資格（https://www.microsoft.com/ja-jp/partner/
contents/mcp）

認定レベルは3つあり、Fundamentals→Associate→Expertの順
で難易度が上がります。多くの製品に関する試験がありますが、たとえば
人気のクラウドサービスであるAzureの設計、構築、運用、管理などの知
識レベルや実務レベル、専門性を測る資格があります。

ただし、マイクロソフトの認定資格には、エンジニア向けではないもの
も含まれています。MOS（マイクロソフトオフィススペシャリスト）がその
一例です。MOSはExcelやWordなど、Microsoft Office製品の利用ス
キルを証明する資格です。ITエンジニア向けというよりは事務職をはじ
めとするオフィスワーカー向けの資格と言えるでしょう。ここまでに紹介
したベンダー資格とは異なり、非エンジニア向けのものも混在している
点に注意が必要です。

こうした資格は、実務経験者にとってはその経験を裏付ける証明とな

り、昇進や転職の際の評価対象となります。未経験者にとっては、実力を示す資格の取得は実際にはかなり困難です。実務経験なしで取得できる資格はそれなりの実力であることの証にしかなりません。しかしながら、IT技術に対する学習意欲の高さを裏付ける証明となることは確かであり、多くの企業で未経験者を採用する際の評価対象になります。自分の描いたキャリアビジョンやキャリアパスに沿って、効果的な資格の取得も計画に組み込んでみましょう。

ITエンジニアは
成長のステップが明確

　ITエンジニアという職の2つ目の特徴は、成長のステップが明確である点です。未経験からITエンジニアになったとしても、階段のように次のステップが見えているので、今の自分にとって次のステップを目指すためにどんな仕事の経験を積めばよいかがわかりやすいのです。このため、自分のキャリアにとって目標を立てやすくなります。

　これを、システム開発の伝統的で基本的な開発手法であるウォーターフォール開発で考えてみましょう。これはその名の通り、滝のように上流から下流に向けてシステム開発の工程を順々にすすめていく開発手法です。未経験のエンジニアはいきなり全プロセスにかかわることはありません。しかしながら、経験とスキルを積み重ねていくことで、さまざまなプロセスに携わることができるようになります。

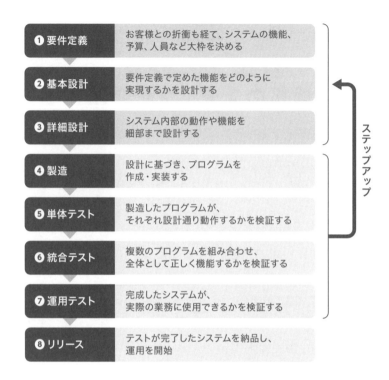

図1-8 異なる工程を順々に進めてシステムの完成を目指すウォーターフォール開発

　ウォーターフォール開発では、まず要件定義をします。これは、どういう機能をコンピュータシステムで実現したいのかというところをお客様とのヒアリングを通じて具体的に表し、システム化するときに何を作らなければならないか、そのためにはどのくらいの人員が必要で、どのくらいの期間が必要かを割り出す作業です。それにより、必要なコストも割り出します。

　次に、要件定義で定めた機能をどのようなプログラムを作って、どういったサーバーを用意して実現するか、システムの全体像を固めていきます。これが基本設計です。さらに詳細に、必要な機能をプログラムごとに分け、それぞれどのように実装していけばいいか、細部を煮詰めるのが詳細設計です。

ここまでの設計が終われば、製造段階です。プログラムを実際に作成して、機能を実装していく段階です。

　製造が終われば、まず個々のプログラムごとに設計通りに動作するかテストします（単体テスト）。実際のシステムでは1つのプログラムで完結するということはありません。単体テストをパスしたあと、複数のプログラムがきちんと連携して動作するかどうか、設計した機能を提供しているかどうかをテストします。これが統合テストです。

　最後に、システム全体として実際の業務に利用できるかどうか、つまり運用可能かどうかを検証する運用テストを経て、システムをリリースするという順で開発が進みます。

　ITエンジニアのキャリアをスタートすると、多くの場合、開発の後半（これを「下流」といいます）にあたる製造、テストあるいはリリース後の運用にアサインされ、そこから経験を積み始めます。周囲のサポートを受けながらひと通りプログラムを作れるようになったら、次は自分一人で担当分を作れるようにプログラミングスキルを磨きます。

　そこまで行くと、上流にあたる設計へのステップアップが見えてきます。設計では、まずは基本設計の段階で完了している設計書から詳細設計書を作れるようになるのが目標です。さらにその次は、要件定義書から基本設計書を作れるようにスキルを磨きます。

　その次はいよいよ要件定義の段階です。ここまで来るとお客様との話し合いの場にも参加することになるため、コミュニケーションスキルも必要になってきます。また、お客様の要望を満たすシステム全体の設計を行ったり、実現に必要な予算の管理をしたり、人員の管理をしたりするスキルも必要になってきます。

　このように、新人のITエンジニアとしてスタートをして以降、どのように成長していけばいいか、わかりやすいと思いませんか？　自分が成長していくためにどのような階段があり、それを登るためにはどんな経験やスキルや成長が必要なのかわかりやすいのも、ITエンジニアの特徴の1つです。いつまでに設計ができるようになろう、いつまでに要件定義ができるようになろう、といった目標設定もしやすくなっています。

フリーランスや起業への道も

ITエンジニア3つ目の特徴は、フリーランスや起業へのステップアップの道があるということです。

ここではフリーランスを例にお話ししましょう。フリーランスは、業種問わず日本では462万人のフリーランスがいると言われています（2020年の内閣官房による「フリーランス実態調査」より）。これは労働人口の約15人に1人の割合です。職種は、エンジニアばかりでなくクリエイター、コンサルタント、ライター、士業、美容業、医療従事者、職人など多種多様です。コロナの影響で、リモートワークの推進や過密を避けた地方での就労などが進み、働き方が多様になったことにより自由度が高いフリーランスへ転向するケースが増えています。

フリーランスは、大きく分けると本業か副業かの2つに分けられます。ITエンジニアのフリーランスは本業で取り組むケースが多くを占め、報酬も企業に所属した場合の平均より高くなる傾向にあります。クラウドソーシングというマッチングサービスを利用し、個人でホームページ制作などを請け負う働き方もありますが、そうしたケースでは副業がほとんど。本書でいうITエンジニアでのフリーランスは本業であることを指します。ITエンジニアがフリーランスになる場合、専門のエージェントが営業支援することが多く、そのことも本業としてフリーランスへステップアップするための道を強化しています。

ITエンジニアの働き方で、フリーランスと会社員との大きな違いは、案件ごとに業務委託契約を結び仕事をすることです。契約形態がことなることにより、自分の責任と裁量で仕事を獲得していくため、個人のスキルや交渉力が要求されますが、その分、働く場所や時間、報酬、仕事相手など、働き方の選択肢が多いことがメリットです。未経験からいきなりフリーランスを目指すのは現実的ではありませんが、ITエンジニアとしてキャリアを積んだ先にはフリーランスという選択肢が現れます。ITエンジニアはフリーランスで活躍するための環境が整っている仕事なのです。

フリーランスによってどんな選択の幅が広がるのか?というと

- 働き方を選べる
- 働く対価を選べる
- 働く場所を選べる
- 働く時間を選べる
- 習得したいスキルを選べる
- 働く人を選べる
- ライフスタイルを選べる

といったところでしょう。フリーランスという働き方の詳細やフリーランスに転向する具体的な方法は、第6章でお話したいと思います。

人材不足が続く
ITエンジニアを取り巻く環境

　次に、ITエンジニアを取り巻く環境について見ていきましょう。これからITエンジニアという仕事を選ぶという点で、追い風が吹いていることがわかります。

　その最大の要因はまずIT人材が決定的に不足していると言われる現状があります。

　私が若手のエンジニアとして働き始めた当時から、エンジニア不足は感じていました。エンジニアとして優秀になるほど、その人に業務が集中することになるため、忙しい期間が長く続いたり、いくつものプロジェクトを常に兼任していたりといった姿を見てきました。働き方改革によってそういった働き方の面での改善は進んでいますが、IT業界自体が成長し続けているため、IT人材は今後も強く求められていくことでしょう。

　経済産業省が公表した「IT人材の最新動向と将来推計に関する調査結果」[3]では、2030年までのIT人材不足数が推計されています。このレポートによると、今後のIT人材は需要と供給に大きなギャップがあり、2030年時点で40万～80万人規模で人材が不足する見込みとされています。深刻な人材不足が懸念される状況といっていいでしょう。

　ここでいうIT人材とはITエンジニアだけでなく、情報サービス業やインターネット関連サービス、ITサービスやソフトウェアなどを提供するIT企業およびITを活用する一般企業（ユーザー企業）の情報システム部門などに属する人も含めてのことです。その全体として、40万～80万人足りないと指摘されています。

　日本の人口減少と少子高齢化もIT人材が不足する要因の1つです。労

＊3　https://www.meti.go.jp/shingikai/economy/daiyoji_sangyo_skill/pdf/001_s02_00.pdf

働生産人口が減少する中で、IT関連産業への新たに足を踏み入れる人は退職者を下回り、IT人材は減少に向かうと予想されています。また、IT人材の平均年齢は2030年まで上昇し続け、高齢化が進むことも予想されています。

IT人材供給が減る一方で、逆にIT人材需要は高まっています。それは一般企業の間でもIT化やデジタルトランスフォーメーション（DX）化が進んでいるためです。ここでいうIT化は、ITを活用して業務プロセスなどを効率化することで、DX化はITを含むデジタル技術を導入することによって、新しい価値や体験を生み出すことを意味しています。農業や漁業などの一次産業でも積極的にITを導入することで高度化しようという動きがありますし、コロナの影響もあり飲食業、観光業などでもIT化やDX化が進んでいます。

それは、普段の生活を振り返ってもどんどん当たり前になってきたように感じる人も多いでしょう。航空券や乗車券など、これまでは窓口で人が紙のチケットを発行していたものが、予約から搭乗・乗車までスマートフォンで完結するようになるといったように、ITツールが使われることが増えています。道端で手を挙げて通りがかりのタクシーを停めることは減り、事前にアプリで予約する機会が増えました。支払いの際も、電子決済を利用する機会が増えてきました。Webシステムを通じたデリバリーが盛んになったり、支払時のキャッシュレスが急激に普及したりするなど、非接触型のサービスも多く見られるようになりました。消費者としてサービスを利用しているときは気づきにくかったかもしれませんが、そういった新しいITサービスやITツールの裏側には、必ずそれらを作っているITエンジニアが存在しています。

人材という観点では、もう少し長期的な視点でも見てみたいと思います。

「人生100年時代」という言葉を聞いたことがあるのではないでしょうか？

寿命の長期化によって先進国では2007年に生まれた2人に1人が100歳まで生きるようになる。そのように100歳まで生きることが一般

的になる社会、それが「人生100年時代」です。そうなると、100年間生きることを前提とした人生設計が必要になってきます。

これまでの人生設計は「20年学び、40年働き、20年休む」という、教育→仕事→老後という3段階が一般的でした。しかし、人生100年時代になると単純な年齢による区切りがなくなり、学び直しや複数回の転職など人生の折々で選択肢が多様化すると予想されています。

日本でも2017年以降の政策にも、それが反映されています。実際、日本の平均寿命の推移も人生100年時代の到来を物語っています。たとえば1980年の平均寿命は男性が73歳、女性が78歳でした。これが2000年になると男性が77歳、女性が84歳と伸び、2020年も引き続き男性81歳、女性87歳と伸びています。平均値がどこまでかというと予測は難しそうですが、しばらくは引き続き伸びていくのではないでしょうか。

そうした変化に対応するために、政府は「新しい資本主義」において、リスキリングによる能力向上支援を推進していくことを表明しています*4。

リスキリングとは学び直しのことで、働きながら新たなスキルを習得することを指します。すでに社会に出て働いている場合でも、その仕事以外の新しいスキルを身に付けることで、キャリアチェンジやキャリアアップにつなげられるわけです。これまでお話したIT業界の人材不足という現状を受け、リスキリング対象としてプログラミング学習が選ばれる機会も増えています。

また、国の対策はリスキリング支援だけでなく、高校からプログラミングを授業に組み込むなどして、これから社会に出る方がITエンジニアを選ぶ機会を増やしています。

このように、IT人材不足によってITエンジニアの数も質も求められていることや、国がITエンジニアの育成に力を入れていることは、皆さんがITエンジニアを志すうえで有力な追い風となるでしょう。

＊4　https://www.kantei.go.jp/jp/headline/seisaku_kishida/newcapitalism.html

第2章

ITエンジニアの
キャリアプラン

ITエンジニアが、どのように自分をステップアップさせていくかがわかりやすく、なおかつ人材を欲しがっている領域であるということを第1章で説明しました。「さっそくITエンジニアになるための活動を！」と思った人もいるかもしれませんね。気が急くかもしれませんが、就職や転職のための具体的な活動に入る前にしっかり戦略を練ってから臨むことをお薦めします。皆さんにとっては未経験の業界です。飛び込んだあとに「こんなはずではなかった」「そんなつもりではなかった」と後悔することはできるだけ避けたいでしょう。そのために何をしなくてはならないかを、本章からご説明していきます。

ITエンジニアになるための
4ステップ

　実際に就職・転職をサポートしてきた経験から、今からITエンジニアとして仕事をするまでのステップを4段階に分けて考えるといいでしょう。

図2-1　今からITエンジニアになるまでの4ステップ

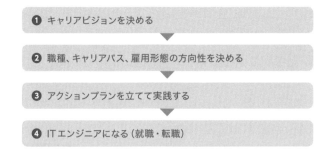

① キャリアビジョンを決める

② 職種、キャリアパス、雇用形態の方向性を決める

③ アクションプランを立てて実践する

④ ITエンジニアになる（就職・転職）

各ステップで、どのような選択肢があって、どのように自分が選んでい

けばいいのかは次章以降でくわしく説明するので、ここでは細かいところにこだわらず、全体としてどのように進めていくかをとらえてください。

❶の「キャリアビジョンを決める」とは、「ITエンジニアになったあと、どのようになりたいか」です。言ってみれば、これが当面のゴールです。これをイメージしておくことが、❷の職種やキャリアパス、雇用形態の方向性を決めるのに役立ちます。キャリアビジョンがない、もしくはそこをあまり煮詰めずに先に進んでしまうと、自分には合っていない選択をしてしまう可能性があります。

その❷のステップは、キャリアビジョンを実現するためにどうすればいいかを考える段階です。その手段が、まずITエンジニアとしてどのような職種を選ぶかです。第1章の公的資格のところで見たように、ITエンジニアといってもその中にはたくさんの職種があります。それぞれに応じて資格が設けられていました。まずは、どの職種で自分のキャリアをスタートするかを考える必要があります。

たとえば、Webシステムの開発・運用に携わる職種にはフロントエンドエンジニア、バックエンドエンジニア、インフラエンジニアなどがあります。同じシステムの開発にかかわっているとしても、職種によって取り組める業務やITエンジニアとして積める経験が変わります。将来的に、職種を変えながら自分の業務範囲を拡大するといったこともキャリアアップにつながります。それだけに、将来を見据えながら最初にどの職種を選ぶのかを考える必要があります。

次に、その職種のITエンジニアとしてスタートを切ったあとどういう自分のキャリアを重ねていくか、大きくはマネジメントの道を進むのか、技術のスペシャリストを目指すのか、を考えます。これがキャリアパスです。

最初の会社とはどのような雇用形態で就職するかも考えなければなりません。そこが、収入や働き方と大きくかかわってくるからです。

こうしたところを考えることによって、どんな企業を選ぶのか、企業に入ってからどんな経験を積めばよいかが見えてきます。

未経験からITエンジニアを目指すという場合、通常、最初は正社員として会社に所属することからスタートします。会社員として働くとしても、

正社員をはじめ、派遣社員、契約社員といった選択肢もあります。でも、最初は正社員を目指すと良いでしょう。ここはそれ以外の選択肢は考えないことをお薦めします。でも、将来どのように働きたいか、ITエンジニアとしてどのように活躍するようになりたいかを考え、それに適した雇用形態は何かをあらかじめ検討しておくことで、よりよい中長期的なキャリア形成に進むことができます。

「考えるフェーズ」を軽視しないで

❶の「キャリアビジョンを決める」と❷の「職種、キャリアパス、雇用形態の方向性を決める」は、いわば皆さんが「考えるフェーズ」です。一方、❸の「アクションプランを立てて実践する」と❹の「ITエンジニアになる（就職・転職）」が行動するフェーズです。❶と❷の考えるフェーズでしっかり考えていないと、以降の行動するフェーズでの決断があいまいになってしまいます。その結果、何よりITエンジニアになってからどこに向かうのかが不透明になり、行き当たりばったりのキャリアになる可能性があります。

私は事業の1つとしてプログラミングスクールを運営しています。実際にそこでITエンジニアを目指す方からキャリアの相談を受けることがあります。

その際、どのようなITエンジニアを目指すのかについて尋ねると、「アプリ開発がしたい」「ゲームが好きで作りたい」「流行りの言語を習得したい」「デザイナーに憧れがある」といった、ITエンジニアになりたい理由を説明されることがあります。もちろん、こうした考えに正解不正解はないのですが、このレベルのイメージだけだとやりたいことや興味がある職種だけ決めている状態に過ぎません。キャリアプランがあって、それを実現するための手段として職種などを考えているとは言えないでしょう。

そういった段階でも、就職・転職のスタートを切ることはできます。しかし、そのままだとゴール（キャリアビジョン）のイメージが曖昧で、でも

本人の焦点はスタートを切ることに当たってしまっているため、結局どこに向かうのかが不透明です。そのため、行き当たりばったりのキャリアになりがちです。

ITエンジニアになることはゴールではありません。ゴールとはITエンジニアになってキャリアビジョンを実現することなのです。

なぜITエンジニアになりたいのか、どんなITエンジニアになりたいのか、何がしたいのか、何を実現したいのか。これらのキャリアビジョンを明確にすると、行き方を逆算して決めやすくなります。

好き嫌いは変わるでしょうし、流行りの言語も移り変わります。また、キャリアを積むことで自分のキャリアビジョンが変わることだってあるでしょう。未経験の段階で考えるキャリアビジョンと、実際に現場で見聞きしたことをもとに考えるキャリアビジョンが変わってくるのは当然です。でも、理想の人生や理想のキャリアを築くために、効果がある選択は何なのかは、最初から考えたほうがいいと強くお勧めします。

旅行の計画と同じように考える

でも、ここまでを読んだだけではピンと来ない人もいるかもしれません。そこで、旅行に行くときのことを考えてみてください。

まずは、「ビーチでのんびり過ごしたい」とか「現地のグルメを味わいたい」とか「普段はできないショッピングを楽しみたい」といったところから考えるのではないでしょうか。これが❶のキャリアビジョンに相当します。

それを実現するために、行き先をどこにするかとか、いつごろ行くか、何日間ぐらいの日程にするかということを考えます。「こうしたい」を具体化する段階です。計画を練るといってもいいかもしれません。これが❷の「職種、キャリアパス、雇用形態の方向性を決める」段階にあたります。

もしかすると、旅行の場合は最初に「どこに行きたい」からプランを考えることもあるという人もいるかもしれません。でも、よく考えてみると、

そこでどう過ごしたいはすでにイメージできているのではないでしょうか。言ってみれば、「どう過ごしたい」と行き先がほぼ同時に決まっているケースなので、やはり「どう過ごしたい」は最初に考えていると言えます。

そこまで決まったら、飛行機や鉄道の時刻や料金を調べたり、ホテルを探したりして旅行の計画をより具体的な形にしていきます。

ここまでが考えたり、調べたりするフェーズです。日程が決まったら、移動の手段やホテルを決めて予約したり、休みを取れるようにしたり、出発日が近付いたら荷物をまとめたりといった準備をします。準備が整ったら、出かけましょう。これが❸の「アクションプランを立てて実践する」と❹の「ITエンジニアになる」にあたります。❶と❷が「考えるフェーズ」だったのに対して、❸と❹は「行動するフェーズ」といえます。

本章では、ここまで全体のステップについて説明しつつ、主として❶のキャリアビジョンについてじっくり説明していきます。ただ、ここまで全体のステップについて紹介したので、❸以降の「行動するフェーズ」についても簡単に説明しておきましょう。ITエンジニアになるためのステップでいうと、事前準備や動き出しのところになります。

キャリアビジョンや、職種、雇用形態などを決めたあとは事前準備のステップに入ります。準備としてはまず自己学習、それから転職の場合はエージェントの選定と書類の作成です。

なぜ自己学習が大事なのかというと、未経験からのITエンジニアへの転職はポテンシャル採用が大半を占めるからです。未経験ですから開発の実績はありません。アピールできるプログラミングスキル、開発スキルもありません。このため、採用側は「この人は入社してから、どれくらい成長する可能性があるのか」という点を見ます。そのとき、ただ企業に依存し仕事をするだけではなく、ITエンジニアにとって必要な自己学習の習慣を身に付けているかどうかを評価します。

エージェントは、転職の際には利用することを強くお勧めします。仕事をしながら自分で転職先を選ぶのは負担が大きく、また未経験である以上、土地勘もないところで活動しなくてはなりません。そのときの助けになるのがエージェントです。決して宣伝するつもりではないのですが、自

力で何もかもやるよりはエージェントを頼るのが結局は効率的です。自分の経歴や自己学習歴をどのように履歴書と職務経歴書に表現するのかは、やはりその道のプロの力を借りたほうが効果的です。その際は、IT業界に強く実績があるエージェントを選ぶようにしましょう。そして、実際にIT企業の門を叩くことになります。

キャリアビジョンを決める

　ここからは、ITエンジニアになるための第一歩である「キャリアビジョンを決める」ことについてくわしくお話していきます。

　キャリアビジョンとは、仕事やプライベート含めた自分の人生の理想像のことを指します。わかりやすく表現すると「当面のゴール」とも言えます。このため本来、キャリアビジョンはITエンジニアを目指すときに限った話ではありません。すべての仕事において必要です。就職・転職するときに必要というだけでなく、職を得たあとも考え続ける必要があります。このため、ITエンジニア人生という大きな枠組み全体で見ても重要です。

　そこで、未経験からITエンジニアを目指そうとする今、あらためて自分にとってのキャリアビジョンを考えることを強くお勧めするのです。

　先ほど、ITエンジニアになるまでのステップを旅行にたとえました。キャリアビジョンは「旅先でどう過ごすか」を考えることと同じです。先に現地に行ってしまって、それからどこに行こうかと考える人はほとんどいないでしょう。まして、飛行機に乗って行った先の空港に降り立つことが目的という人もいないでしょう。

　おそらく、何をしたいのか、何を体験したいのかに始まり、誰と行きたいのか、どんなホテルに泊まりたいのか、どんな食事をしたいのか、何を買いたいのかなど、過ごし方についてある程度の具体的なイメージが頭の中にあるはずです。

　これを、ITエンジニアになるときの「どういうキャリアにしたいのか」に置き換えて考えるというのが、「キャリアビジョンを決める」ということです。

　旅慣れた人ならば、「まずは行ってみてあとは現地で考える」という方

針で旅に出る人もいることと思います。あるいは移動手段そのものを楽しむという人もいるでしょう。でも、初めての海外旅行という人は、いろいろ不安なことやわからないことがあるのではないでしょうか。

　未経験からITエンジニアになるということは、未知の領域に初めて踏み込むことになるわけです。そのため、ITエンジニアになるためにスタートを切るときにも、見知らぬ場所への旅行と同様、動き出す前にゴールを決めることが特に重要になります。そのゴールがキャリアビジョンなのです。

プロティアン・キャリアという考え方

　ここからは、キャリアビジョンを考えるうえでのヒントを皆さんにご提供したいと思います。具体的には、どの程度ビジョンを固めればいいのか、そのためには何を考えなければいけないのか、です。

　キャリアビジョンを作る方法に「これしかない」という正解はありません。でも、これまでにもキャリアビジョンを考えてきたのでもなければ、どうやって考えればいいか、どこから手を付ければいいかわからない人がほとんどでしょう。

　そこで、こうしたキャリアについて考える際に参考にしたい考え方として「プロティアン・キャリア」をご紹介します。これは、キャリアを形成するための考え方の1つです。

　プロティアン・キャリアは1976年にアメリカの心理学者、ダグラス・T・ホールによって提唱されました[1]。

　それ以前のキャリア形成といえば、就職した会社内での昇進や昇給のことを指し、同じ組織の中でステップアップを目指すことを主軸に考えられていました。このため、キャリアを会社や組織が管理する形になりま

---

[1]　「プロティアン・キャリア」の詳細については、プロティアン・キャリア協会のWebサイト（https://protean-career.or.jp/）などを参照してください。

す。自分がキャリアを作るというよりも、会社の制度や仕組みによりキャリアが決まっていくためです。

　これに対してプロティアン・キャリアは、時代や環境変化に適応できるよう個人がキャリアを管理し、自分の意思で必要な知識やスキルを身に付けていくキャリア形成を指します。

　プロティアン・キャリアでは、その中で、キャリア形成をはかる指標を、❶人的資本、❷金融資本、❸社会的資本、で表現しています。

図2-2　プロティアン・キャリアの三つの指標

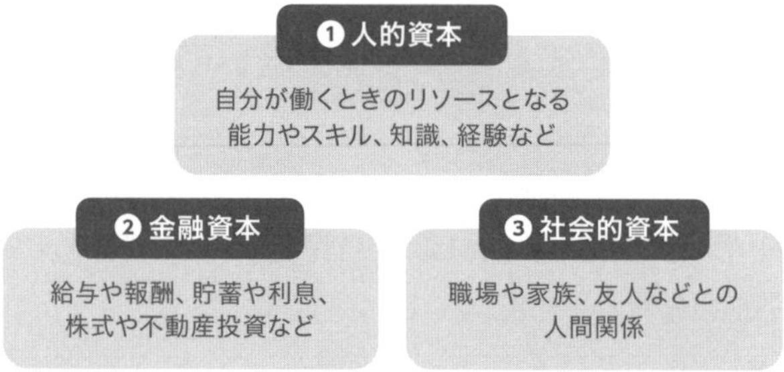

❶人的資本
自分が働くときのリソースとなる
能力やスキル、知識、経験など

❷金融資本
給与や報酬、貯蓄や利息、
株式や不動産投資など

❸社会的資本
職場や家族、友人などとの
人間関係

　❶の人的資本は、個人が持つ先天的もしくは後天的な能力のことです。プログラミングや開発にかかわるスキルはもちろん、一般的なビジネススキルやコミュニケーション能力、語学力、身体能力、資格、学歴、職歴など、自己価値を上げるための資本になります。一般的に、この人的資本を労働として提供するため、自分自身が持つ稼ぐための力ともいえます。

　❷の金融資本は、働くことによって得られる金融資産です。給与や報酬、貯蓄や金融商品の利息や株式の配当、売買益、不動産投資での利益などが挙げられます。働き方によって収入は変わりますし、現金なのかあるいは別の形の利益なのかという違いもあります。

　❸の社会的資本とは、他者とのつながり、つまり人間関係を指します。人は社会的な動物なので帰属意識があり、その共同体の仲間とのつながりや評価を気にしています。

これがキャリアにとっても重要であることを示す根拠として、米ハーバード大学による成人発達研究の調査[*2]をご紹介しましょう。これは、75年間に渡り約700人の追跡調査を行い対象者の幸福度と要因について調査したもので、その結論は、「私たちの幸福と健康を高めてくれるのは、いい人間関係である」というものでした。

　このことから、キャリアを含めて自分の人生にとっては自己の成長や経済的な豊かさと同様に、人間関係における豊かさも重要であると考えられます。家族との関係、仕事の仲間との関係、友人との関係、さまざまなコミュニティとの関係などにおいて、より良い人間関係を作っているかが大事になります。この点を無視して、キャリアビジョンを考えるわけにはいかないでしょう。

4つの観点で「こうありたい」を考える

　では、この三つの資本からキャリアをプランするというプロティアン・キャリアの考え方をベースに、人生の理想像を具体的に描いてみましょう。その際、私は経済面、仕事面、家族や人間関係の面、自分の成長ややりがいの面という4つのポイントに分けて描くことにしています。

● 経済面

　これは、仕事を通じていくら稼ぎたいのか、どのくらいの収入を希望するのかです。ほしいもの・やりたいことなど、何のために稼ぎたいのかも一緒に考えましょう。

　ITエンジニアを選んでも、それだけでは収入が明確に決まるということはありません。職種によって決まるというものでもありません。同じ職種でも、どのようなスキルを持っているのか、どんなキャリアを積んでいるのかによって収入は変わります。

＊2　（参考文献）ロバート・ウォールディンガーほか著、小島修訳（2023）『グッド・ライフ』辰巳出版

また、「稼ぐ」ということに対する意識も大切です。私の場合、高校や大学でお金について学ぶことがほとんどなかったため、「稼ぎたい」という気持ちを持つことにどこか抵抗感や罪悪感を持っていました。同じような感情をお金もしくは稼ぐことに持っている人もいるかもしれません。

しかし、実際に社会に出てしまうと、自分の理想を実現したり、家族や大事な人を守ったりするためには、お金がかかることに気付きます。経済的な基盤が必要なのが現実なのです。

収入はビジネスパーソンとしてのどれだけの価値を提供しているかの通信簿でもあります。稼ぐということにポジティブな前提を持ち、「このくらいほしい」と考えるときには遠慮せず、大きく望んでみましょう。

● 仕事面

これは、「ITエンジニアとしてどんな仕事がしたいのか」です。未経験だからイメージしにくいと思われるかもしれません。この段階ではあまり具体的に考える必要はありません。もちろん、どんな分野のITエンジニアとして、どんなシステム開発に携わりたいかまで考えられるならいいですが、今の自分が想像できる範囲でどのような仕事をしたいのかを考えてみましょう。

ITエンジニアになってからの最初の1〜2年は修行期間です。やりたいことをやるというよりも、やるべきことをやりながら経験を積み、ITエンジニアとしての基礎を作ります。このとき、その先に理想の働き方を描いたうえで基礎を作る修行期間を過ごすのか、そのイメージを持たずに修行だけを積み上げて行き当たりばったりになるかは大きな違いが生まれます。

たとえば、個人として自分の能力向上やスキルアップを追求する働き方もありますし、仲間と協業する働き方も選択できます。前者の方向性はたとえばフリーランス、後者だと起業して経営者となるケースが多いです。あるいは、あくまで会社や組織の中で、大きなプロジェクトを動かしていきたいのだといったイメージもあり得るでしょう。今の段階ではこのくらいでかまいません。これからIT業界について情報収集したり、技術

的なことを勉強したりすることを通じて、考えや思うところが変わることもあるでしょう。そのときにはそのときの考え方に従ってキャリアビジョンをアップデートすればいいのです。大切なのは、今の段階からキャリアビジョンを描いて、ゴールとして意識することです。

　同時に、ライフスタイルについても理想を描いておくといいでしょう。プライベートも仕事の影響を受けます。出勤とリモートワークの割合や、仕事と家庭の両立、どれくらいの余暇、休日が欲しいのか、こういった点も考えておくと、以降のステップでどういった雇用形態にするのかを決めて、具体的な企業を選ぶ際に役立ちます。

● 家族、人間関係の面

　人生にはいくつかのライフイベントがあると思います。結婚、出産、育児など、ご自身の働き方にも大きく影響を与えるイベントについては、「どのような状態で」そのときを迎えるのかを考えておきましょう。「仕事としてのITエンジニアを考えているのになぜ?」と思うかもしれませんが、ライフイベントには経済状況やライフスタイルが影響するためです。

　また、パートナーや子供、親など、親しい家族との関係はどうなっているのが理想でしょうか。具体的にどういう形で親孝行をしたいかや、家族との時間をどのように過ごしたいかも決めておきましょう。

　人間関係という点では、仕事仲間との関係も無視できません。人生の、そして一日の大半を共に過ごすのが仕事仲間です。人によっては家族以上に時間を共に過ごす人もいるでしょう。その仕事仲間との関係が良好なのかそうでないのかは、仕事のパフォーマンスややりがいにも影響する可能性があります。実際、お金と評価への不満と並んで、職場の人間関係や雰囲気の悪さは転職理由の上位に入ってきます。

　趣味やプライベートを充実させたい場合は、そういったサークルの仲間や友人との関係性もイメージしておくといいでしょう。先々、そうした付き合いをどうしていきたいか、自分にとっての理想をイメージしておくことは常に重要です。

● 自分の成長ややりがいの面

　仕事とも連動しますが、ITエンジニアとしてどんなスキルを習得したい
か、どの分野のスキルを伸ばしていきたいかといった点も考えておきた
いところです。合わせて、テクニカルスキルと同様に、ヒューマンスキルの
習得もITエンジニアとしてキャリアアップを図るうえで重要になってきま
す。ヒューマンスキルというとイメージしにくいかもしれませんが、たとえ
ばコミュニケーション能力や、リーダーシップを発揮する力、ネゴシエー
ション、プレゼンテーション、ヒアリングなどの能力などです。ビジネスを
円滑に進めるための能力とも言えるかもしれません。また、向上心があ
ることなども、ヒューマンスキルの一部です。

　また、ITエンジニアにとどまらず、視野を拡げてビジネスパーソンとし
て自分がどうありたいか、どんな能力を身に付けたいかを考えておくこと
もキャリアアップには効果的です。たとえば、リーダーシップ1つ取って
みても、トップに立ち牽引していくリーダーシップもあれば、下支えし奉
仕するサーバントリーダーシップもあります。自分の将来像として理想の
リーダー像を描くことも、成長ややりがいを最大化するための方向性と
なります。

ITエンジニアとしての将来像を考える

　ここからはITエンジニアとしてより具体的なキャリアビジョンを考えて
いきましょう。ここまでの思考や作業は、それを考えるために自分の土台
を固める作業だったといえます。

　これから新卒で社会に出てITエンジニアを志す人や、未経験からITエ
ンジニアに転向する人は、その一歩を踏み出す前に以下の方向性を決め
ておくことをお勧めします。実はこうした点こそが、採用側が面談の際に
確認しようとする点でもあります。

　具体的には①なぜITエンジニアになろうと思ったのか、②どんなITエ

ンジニアになりたいのか、③ITエンジニアになって何がしたいのか、何を
実現したいのか、です。いかにも面接で聞かれそうと思いませんか？　必
要なのは模範解答ではなく、自分で確固たる考えを持っていることです。
順に、どのように考えをまとめていけばいいのか、ご説明します。

● なぜITエンジニアになりたいのか

　この点は、ITエンジニアになる動機です。皆さんが最初に思うところを
想像してみると、

- 手に職を付けたいから
- 今よりも稼ぎたいから
- 現職の業界の先行きが心配だから
- 仕事にやりがいが欲しいから
- 時間の自由が欲しいから
- 働き方の選択肢が欲しいから
- 作りたいサービスがあるから
- 面白そうだから
- かっこいいから／モテそうだから

といったところが思い浮かびました。そうじゃないよと思う人もいるかも
しれません。

　実際、そもそものきっかけは人によってさまざまでしょうし、そこに正
解も不正解もありません。重要なのは、採用する側から見て、ITエンジニ
アとしての基礎を作る3年間をがんばり抜く原動力となるものがあるの
かという観点です。

　採用する企業の側に立ってみて、理想のITエンジニア像という自分軸
を持っている人なのか、その動機が健全なのかというのが気にかける点
だというのは想像に難くないでしょう。これは、単なる転職の面接対策と
して付け焼刃の動機を考えるという"ノウハウ"ではありません。なぜIT
エンジニアになりたいのか、という理由をていねいに考えましょう。そう

でないと、実際に転職活動が始まってから迷いや不安が生じやすくなります。このために転職活動が滞ったり、誤った判断をしてしまったりする危険があります。また、このまま就職してしまうと、ITエンジニアになった途端に燃え尽き症候群のようになる可能性も出てきます。あるいは、あとから「思っていたのと違った」と後悔することにもなりかねません。その結果、すぐまた転職することになるといった可能性もあります。くわしくは後述しますが、短期間での転職を繰り返すのは、その後のキャリアにとって大きなマイナスになってしまいます。

● どんなITエンジニアになりたいか

この点は、どんな職種やキャリアパスがあるかを理解したうえでないと考えづらいかもしれません。くわしくは第3章で説明するので、今の時点でうまくイメージできなければいったん保留にしてかまいません。次のステップで職種やキャリアパスを考える際に、その職種、そのキャリアパスを選んだうえで、どのようなITエンジニアになりたいか、同時に考えてください。

● ITエンジニアになって何を実現したいのか

何を実現したいのかは、前述の4つの理想（経済面、仕事面、人間関係、成長ややりがい）から逆算しながら考えます。理想を実現するために、ITエンジニアとしてどんな職種やキャリパスを選び、どんなITエンジニアになれば実現に近づいていくのかをつなげていくイメージです。第3章で説明する職種やキャリアパス、あるいは次に取り上げる実例を参考にしながら、自分なりのイメージを描いてみてください。

たとえば、「30代半ばで年収1000万円を実現する。家族との時間も大切にしたいので、働く時間を自分で選べる状態を作りたい」というキャリアビジョンを描いた20代の人がいるとしましょう。そうすると、プロジェクトマネジャーあるいは上流工程の実務経験を、30代半ばまでにある程度は積んでおく必要が出てきます。会社員でも40代に入れば年収1000万円に届く企業もありますが、30代のうちに"大台"を望むなら雇

用形態はフリーランスということになります。合わせて働く時間も自由でできるようにということなら、やはりその時点でフリーランスになるという将来像になるでしょう。必然的に、30代半ばまでにフリーランス転向に必要なスキルを習得できるように、今の時点で企業を選ぶことが大事になってきます。フロントエンドエンジニア、バックエンドエンジニア、インフラエンジニアなどの職種でも、30代半ばで年収1000万円に届く可能性はあります。しかしながらインフラエンジニアは夜間や休日対応も比較的あるため、家族との時間を大切にしたいならちょっと選びにくいところではあります。そうなると、フロントエンドエンジニアかバックエンドエンジニアに絞るという戦略が正しそうです。このように、キャリアビジョンが定まっていると、具体的に自分が何を選択すればいいかが明確になってきます。

　こんなキャリアビジョンの例もあります。「安定した経済的な基盤を得ながら、多くのユーザーが利用するシステムの開発を通じて社会に大きく貢献する生き方がしたい」というキャリアビジョンを描いた人がいるとしましょう。収入に対して安定や保証を求めることを優先するのであれば、狙うべき雇用形態は会社員です。フリーランスでは、短期からせいぜい中期の案件に参画することになるため、長期的に大きなシステムやサービスにかかわれることはあまりないでしょう。プロジェクトに開発から運用まで携わり、社会的に貢献するところまで見届けたいということなら、そういうプロジェクトを手がける会社に就職するのが適しています。

　職種に関しては、自分の作ったものがユーザーに直接利用される形で貢献したいならフロントエンドエンジニア、サービス全体を下支えすることで貢献したいならインフラエンジニアの道を選ぶといった決断になるでしょう。

　このように、長期で実現したいことから中期で実現すべきこと、そして短期で達成すべきことへと逆算しながら考えていくと、キャリビジョンを描きやすいのでお薦めです。

キャリアビジョンの実例

　こうしたキャリアビジョンは必ずしも必要ではないのではないかと思っている人もいるのではないかと思います。今の時点では具体的に考えろと言われても、なかなかイメージできないでいる人もいるでしょう。

　でも、私がたくさんのITエンジニア転職を支援してきた経験からいうと、やはりITエンジニアとしてのキャリアビジョンを決められた人ほど、転職自体が成功し、入社後の職場でも未経験からITエンジニアとしてのキャリアを順調に積んでいるという傾向にあります。匿名の範囲で、いくつか実際の事例をご紹介しましょう。

　プログラミングスクールの門を叩いたAさんは、30代前半でキャリアチェンジを果たしました。Aさんとはプログラミングスクールに入ってすぐの時点から面談を重ね、キャリアビジョンを明確にするサポートをしてきました。その結果、最終的にWeb開発のバックエンドエンジニアという方向性で行くと決めることができました。そのようにできたのは、「スキルアップのために費やした努力が中長期的に見て収入アップに反映されるような働き方がしたい」、「30代のうちにフリーランスに転向して働き方自体も自分で決められるようになりたい」というキャリアビジョンを、明確なイメージとして固めることができたためです。

　そこまで固まっていたので、言語としてはJavaを選んで習得し、それを活かす形で開発経験が積める企業へ転職しました。30代前半でのキャリアチェンジと、転職のタイミングとしてはけっこうギリギリでしたが、最初に考えたキャリアビジョンが明確だったため、面接時の評価も高く、採用もスムーズに進みました。

　また、20代女性でフロントエンドエンジニアの知識と経験をプログラミングスクールで積み、転職に成功した人もいます。この人の場合、勉強

しながらIT業界への理解も深め、PMOというプロジェクトマネジャーを支援する職種に興味を持ちました。ある時点でそちらに方向性を軌道修正し、開発経験とPMO経験が積める企業へ就職しました。

PMOという職種は直接的に開発に携わらないため、プログラミング言語の習得は必須ではないのですが、プログラミング言語の習得と開発経験はあったほうがより付加価値の高い人材となります。そういったことも考え、職種と企業を決め、就職先でPMOとしてのキャリアを歩まれています。このケースでは、最初にキャリアビジョンをしっかり固められたわけではありません。でも、常にキャリアビジョンのことを意識していたからこそ、業界への理解を深めていくことにより、自分がどうなりたいかに明確な答えを出すことができました。

あいまいなキャリアビジョンによる失敗例

残念ながらキャリアビジョンが明確でなかったために、転職がうまくいかなかった例も現実にはあります。そういう場合、ITエンジニアとしてスタートするまでに苦労したり、転職後に想定外のことが起こったりといった事態につながり、本人も困惑するケースになりがちです。

● 育成環境のない企業でスキルを身に付けられず……

20代前半の男性でフロントエンドエンジニアとして働いている人がいます。異業種から未経験でITエンジニアに転職しました。独学でプログラミング言語を勉強し、知人のつてを頼ってまずSES企業に就職しました。ところが、その会社には未経験のITエンジニアを育成する環境がありませんでした。このため、スキルがほとんどないまま、クライアントの現場に入ることになりました。いくら何でもごまかしようがありません。クライアントの求めるスキルに見合わないことを見破られ、案件の契約を打ち切られてしまいました。そういうことを何度か繰り返していると、スキルシートには短期案件ばかりが記載されることになります。その結

果、スキルシートからは継続力がない人材に見えてしまいます。そうこうするうちに、新しいプロジェクトには呼ばれず、次の現場に入ることすら難しくなるという状況になってしまいました。

　また、当初はフロントエンドエンジニアを目指すのか、バックエンドエンジニアに進むのかもあいまいだったため、何も習得しきれていない中途半端なプログラミングスキルがあるだけになっていました。就職した企業側の責任もあるでしょうが、こうなってしまったのは動き出す前にキャリアビジョンが不明確だったことが最大の原因です。そのために、独自で動きすぎて不利な状況に自分を追い込んでしまったことも災いしました。主体的に自分で動くという点で、行動力には目を見張るものがあったのですが……。

　その後、よい転職エージェントとの縁があり、キャリアビジョンや方向性を見直した結果、教育環境が整った企業でフロントエンドエンジニアとして再スタートを切っています。

● 年齢のあせりから転職をゴールとしてしまった……

　30代前半の男性で今はシステムエンジニアとして働いている人がいます。異業種から未経験でITエンジニアに転職しました。就職した企業の案件で客先に常駐していますが、1人で現場に入っているため、わからないことを尋ねられる先輩に恵まれず、技術的な疑問が生じてもすべて自分で解決する必要がありました。案件内容も保守運用に近いため、期待していたテクニカルスキルを磨くことができない職場環境でした。30代前半での転職だったため、スキルが低いままでの再転職はさらにハードルが高く、身動きが取れなくない状態に……。これは年齢的なこともあり、キャリアビジョンを考えるようなプロセスを経ず、拙速に転職すること自体をゴールとしたことが悪い方向に出てしまった例といえるでしょう。

　今は、業務以外の時間でフロントエンドの言語習得に励みながら、方向性と計画を見直しているところです。

● 実現手段も考えないと八方ふさがりに

20代後半の男性は、異業種から未経験でWebデザイナーに転職するために、専門のスクールに通いました。収入を上げることや、将来的にはフリーランスになって働き方を自由に選びたいというビジョンがあり、Webデザイナーという職種にねらいを定め、働きながらスクールに通いました。スクール卒業後、特に転職サポートがなかったため自分で仕事を探しましたが、Webデザイナーの中途採用枠は経験者を採用するケースがほとんどです。未経験者が転職できる余地はあまりなく、現実はシビアでした。結果、転職することができず、今も同じ仕事を続けています。ある程度の明確なキャリアビジョンはありましたが、それを実現するための手段や希望職種の現状調査が不足していたことが原因として考えられます。このケースは、②の職種や雇用に関するステップが十分ではなかった例といえます。

このように、「ゴール（キャリアビジョン）」とゴールに向かう「行き方」が明確であるか、十分考えられたかが明暗を分ける結果になっています。
さて、皆さんは現時点でどれくらい明確なキャリアビジョンを描いているでしょうか？ 不明確で不十分だと感じていても、まだまだ間に合います。あわてずにしっかり考えて、次のステップへと進んでいきましょう。それには本書がお役に立つはずです。もちろん、すぐに行動を起こすレベルまでキャリアビジョンを描けているという人ならば、ぜひ引き続きキャリアビジョンを意識し、必要に応じてアップデートしながら、それをどう実現するか、以降の章でそれを実現するための検討を重ねていってください。

第 **3** 章

職種・キャリアパス・雇用形態を決める

前章では、キャリアビジョンについてご説明しました。キャリアビジョンがどれだけ重要か、キャリアビジョンを持たずにITエンジニアになろうとするとあとあと困ったことになる可能性があることもお伝えしました。

　キャリアビジョンを作ったら、次のステップではそれを実現するために、職種やキャリアパス、雇用形態を考えます。それぞれをどう選ぶか次第で、ITエンジニアになったあとで習得できるスキル、システム開発への関わり方、得られる体験、報酬などが変わってきます。この段階では、情報収集にも力を入れ、自分のキャリアビジョンを実現するのに適した選択をしましょう。

　そのためにも、基本的な知識は重要です。当たり前のことですが、知らなければ選べません。知ることによって選択肢も広がります。目標であるキャリアビジョンにどのように向かっていくかを決めておけば、このあとの就職活動が円滑に進みます。そして、ここが重要なのですが、途中で計画に変更があったとしても、軌道修正がしやすくなるでしょう。また、もしかするとキャリアビジョンそのものを見直して、もっといいゴールとして設定し直すこともあるかもしれません。十分な、そして幅広いインプットに努め、よりよい選択を検討した上でスタートを切っていただきたいと思います。

　前章でうまくキャリアビジョンを固められなかった人も心配することはありません。本章でIT業界への理解を深めることにより、キャリアビジョンが決まってくるということも十分あります。実現すべきはキャリアビジョンで、職種やキャリアパス、雇用形態はそれを実現するための手段に過ぎません。あわてる必要はないので、自分自身のキャリアプランのことを常に意識しながら、本章を読んでみてください。

　ただ、職種、キャリアパス、雇用形態と言われただけでは何のことを指すのか、わからない人もいるかもしれません。本章でそれぞれくわしく説明する前に、大まかに説明しておきましょう。

● 職種はITエンジニアの種類を示す

　職種というのは、ITエンジニアの分類と考えてもいいでしょう。大ま

かに、Webエンジニア[1]、インフラエンジニア、セキュリティエンジニア、システム保守・運用要員、Webデザイナー、プロジェクトリーダー／マネジャーの6種類に分類できます。

図3-1 ITエンジニアの職種。大まかに6種類に分類できる

Webエンジニア
・フロントエンドエンジニア
・バックエンドエンジニア

インフラエンジニア
・サーバーエンジニア
・クラウドエンジニア
・ネットワークエンジニア
・データベースエンジニア

セキュリティエンジニア

システム保守運用

Webデザイナー

プロジェクトリーダー、マネジャー

　Webエンジニアは、Webアプリケーションを開発するエンジニアの総称です。実際には、Webエンジニアといっても大きくフロンドエンドエンジニアとバックエンドエンジニアに分類できます。フロントエンドエンジニアは、Webアプリケーションにアクセスしてきたユーザー側のWebブラウザ上で動作するアプリケーションを開発するエンジニアです。バックエンドエンジニアはサーバー側で動作するアプリケーションを開発するエンジニアです。システムのユーザーから見て前面にいる側をフロントエンド、その背後にいる側をバックエンドと呼びます。

　インフラエンジニアは、アプリケーションの動作を支える基盤の層を担当するエンジニアです。バックエンドが高度化するのにつれて分業が進んでおり、主としてサーバーとして動作するコンピューターのOSやハードウェアの面倒を見るサーバーエンジニア、クラウドサービスとの連携部分を担当するクラウドエンジニア、インターネットとの接続やサーバー間

---

[1]　Webアプリケーションエンジニアとも言います。本書ではWebシステムのインフラ部分を含まない分類としてWebエンジニアと記述します。

の通信を設計・監視するネットワークエンジニア、アプリケーションが利用する大量のデータを管理するデータベースエンジニアなどを総称してインフラエンジニアといいます。

プロジェクトリーダー／マネジャーについては、他の職種と異なり、未経験で最初に選ぶ、あるいはアサインされるということはありません。他の職種で経験を積み、場合によっては複数の職種で一人前のレベルに達したエンジニアが、開発プロジェクトをマネージする際の職種です。

● キャリアアップのルートがキャリアパス

キャリアパスは、ちょっと語弊がありますが、出世の道と思っていればいいでしょう。キャリアパスには2種類あります。スペシャリストとジェネラリストです。

図3-2 2種類あるキャリアパス

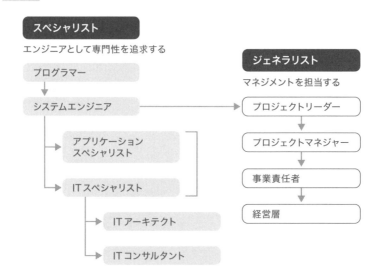

スペシャリストは、自身の専門性を突き詰めて、キャリアアップしていくコースです。あくまでエンジニアとして自分を高めていくことで、技術的に貢献できる人材になっていくことを目指します。

一方、ジェネラリストは、プロジェクトのマネジメントに始まり、幅広い
マネジメント能力を身につけていくことで、組織や会社のマネジメントも
担う人材を目指すコースです。

●会社員かフリーランスかで選ぶ雇用形態

　雇用形態は、大きく会社員とフリーランスの二択だと考えるとわかりや
すいと思います。派遣社員もありますが、ここでは会社員の一形態と考
えてください。

　会社員の場合、自社で自社のシステムを開発する会社（自社開発）な
のか、他社のシステム開発を請け負う会社（SES）なのかという選択肢が
あります。

　自社開発の場合は、下流工程から始めて、自分の成長に伴い上流工程
の経験を積むことができます。多くの場合、教育制度が整っており、基礎
から学べる研修プログラムが用意されています。このため、未経験から
ITエンジニアになる場合には最も適している選択肢です。可能であれば
自社開発の企業に入りたいところです。

　SESは、システム・エンジニアリング・サービスの略称で、所属する企業
が契約している案件先へ入り、客先でシステム開発を行います。いろい
ろな現場で経験が積めることが特徴です。

　一方、フリーランスは、会社員としてITエンジニアを勤めてから独立す
るという人がほとんどです。通常は、フリーランス専門のエージェントを
通じて案件を獲得する場合が多いでしょう。自分で案件を獲得するため
の営業活動を行うエンジニアもいますが、最初はエージェントのキャリ
ア支援を受けることをお薦めします。

　皆さんのように未経験の場合は、最初からフリーランスという選択は
ありません。でも、自分の将来像としてフリーランスというキャリアビ
ジョンを持つ人もいるでしょう。「いずれはフリーランスで」というビジョ
ンを持っているかどうかにより、会社員としてITエンジニアの実力を蓄え
ていく過程での過ごし方が変わってくるはずです。会社員を続けるのか、
フリーランスに転身するのかという点では、働き方の違いによる報酬や

税制などに違いがあります。エンジニアとしての実力はもちろんですが、
そういった面での知識も十分につけた上で検討する必要があります。

ITエンジニアの職種

　では、それぞれについて、くわしく見ていきましょう。まずはITエンジニアの職種です。

　ITエンジニアにはさまざまな職種があります。どの職種を選ぶかによって実際のキャリアは変わってきます。自動車というくくりの中でもさまざまな車種があり、目的によって選ぶ車種は変わります。必要な免許が変わってくることもあるし、そのため求められる訓練も違ったりすることもあります。同様にITエンジニアでも、職種によって積み上げられるスキルは変わってくるし、経験の中身も違ってきます。

　ITエンジニアには細分化すると本当に多くの職種が存在します。たとえば第1章で取り上げたIT関連の資格が、実に細かく分類されていたのを思い出してください。ただ、未経験の皆さんにとっての"狙い目"はある程度限られてきます。そこで、現実的な選択肢となる6種類についてお話しようと思います。

　これは、本章冒頭でも触れた、①Webエンジニア、②インフラエンジニア、③セキュリティエンジニア、④システム保守運用、⑤Webデザイナー、⑥プロジェクトリーダー、マネジャーです。

図3-3 ITエンジニアの職種。大まかに6種類に分類できる

❶ Webエンジニア
- フロントエンドエンジニア
- バックエンドエンジニア

❷ インフラエンジニア
- サーバーエンジニア
- クラウドエンジニア
- ネットワークエンジニア
- データベースエンジニア

❸ セキュリティエンジニア

❹ システム保守運用

❺ Webデザイナー

❻ プロジェクトリーダー、マネジャー

　実際の職種はもっと細かく分けることもできますが、未経験ですぐに携わることのできる職種となると限られてきます。そこで、現実的な選択肢となる職種という視点で、この6種類に絞りました。

　では、それぞれについてもっとくわしく見ていきましょう。キャリアビジョンを実現する職種はどれだろうかと考えながら読んでみてください。もちろん、興味の持てる職種を見つけたことにより、キャリアビジョンが変わってくることもあるでしょう。いずれにしてもキャリアビジョンを実現するために職種を選ぶという視点を忘れずに、職種を検討するヒントにしてください。

① ブラウザとサーバーで動作するプログラムを作るWebエンジニア

　まず①のWebエンジニアから見ていきましょう。

　Webエンジニアの主な仕事は、Web上で利用されるシステムやアプリケーションの設計と開発（プログラミング）です。その中でも仕事で取り扱う領域によって、フロントエンドとバックエンドに分類されます。

　Web上に構築されたシステムを利用するシーンを考えてみます。たとえば、開いているWebページには検索ボックスがあり、そこで何らかの

言葉を検索したところ、画面上に結果が表示されたとしましょう。皆さんもWebシステムを利用するときによくやる操作だと思います。

　その裏側の仕組みを見てみます。まずWebページ（Webブラウザ）を見ているユーザーが検索キーワードを入力して検索ボタンを押します。すると、「用語を検索する」というリクエストがWebサーバー側に届きます。そのリクエストを受け取ったWebサーバーは、必要なデータをデータベースから取得し、Webブラウザに返します。データを受け取ったWebブラウザはそのデータを適切に処理し、Webページ上に表示させます。

図3-4　Webシステムのフロントエンドとバックエンド

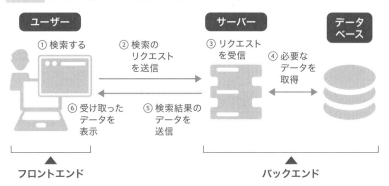

　この一連の流れの中で、フロントエンドとは、ユーザーと直接データのやり取りを行う部分（Webブラウザ側）を指し、バックエンドとはフロントエンドからのデータ入力や指示に従い、ユーザーから見えないところでデータ処理や保存などを行う部分（Webサーバー側）を指します。

　では、フロントエンド、バックエンド、それぞれの具体的な仕事を見てみましょう。

ユーザーから見える部分を作る
フロントエンドエンジニア

　フロントエンドエンジニアと呼ばれる職種は、ユーザーから見える
Webブラウザ表示の部分を開発します。Webデザイナーが制作した画
面レイアウトや配色に合わせて、UI／UXも考えながらアプリケーション
を実装します。

　UI（ユーザーインターフェース）は、サービスとユーザーをつなげる接
点に当たる部分のことで、見た目や使い勝手の良さなどの要素が含まれ
ます。

　UX（ユーザーエクスペリエンス）は、サービスにまつわる体験の全て
を指します。UIだけではなく、欲しい商品の見つけやすさ、サイトのわか
りやすさ、デザインの洗練さ、サポートの充実など、多くのことが含まれ
ます。

　UI／UXにかかわる設計は、Webデザイナーが主体となって行うこと
が多いですが、それをどう画面上に実現させるかはフロントエンドエンジ
ニアの仕事です。最近のWebサイトはモバイルで利用されることも多く、
モバイルファーストの実装も求められるようになっています。また、デバ
イスの多様化も進んでおり、今後はスマートフォンやパソコン以外でのデ
バイスでの利用を想定した開発も進んでいくものと考えられます。

　フロントエンドエンジニアが使用する代表的な言語には、HTML、
CSS、JavaScriptなどがあります。

サーバー側の開発を担当する
バックエンドエンジニア

　一方、「バックエンドエンジニア」と呼ばれる職種は、ユーザーから直接
見えにくい部分の開発を行います。WebサーバーのOSに応じてサーバー

側で動作するプログラムを作ります。Webブラウザから送られてきたリクエストを処理するプログラム、リクエストに応じてデータベースを操作するプログラム、リクエストに応じたデータを生成してWebブラウザに返すプログラムなどを作り、こうしたプログラムを連携させたシステムを開発します。

　フロントエンドやインフラとの連携も必要となるのに加え、フロントエンドやデータベース、インフラなどについての知識も必要になってくるため、幅広い専門性が求められる分野です。バックエンドエンジニアが使用する代表的な言語には、Java、PHP、Pythonなどがあります。

②システムの土台を作る
インフラエンジニア

　作り上げるWebシステムを住宅にたとえると、"家"の部分を作るのがWebエンジニアです。一方、インフラエンジニアが担当するのは基礎や配線、配管など、土台にあたる部分です。住宅は人が過ごす部分だけでなく、そうした土台もしっかり作らないとならないことは皆さんもおわかりでしょう。インフラはあらゆるシステム開発にとって重要であり、システム全体を支えています。インフラエンジニアが担当する範囲は広く、細分化された領域ごとに担当する職種が存在します。個々の職種については後述するので、先にインフラの構築全体を通してエンジニアの役割がどうなっているのかについてご説明します。

　インフラエンジニアの仕事は、設計、構築、運用の3段階に分けられます。

　まず、インフラ設計から見てみましょう。新たなシステムを開発するに当たって基盤となるインフラを構築することもあれば、既存のシステムでインフラ部分だけを新しくものに切り替えることもあります。どちらの場合でも、求められるスペック、メンテナンス性、コストなどを検討し、必要な機器やサービスを選定します。その際には、物理的なサーバーや通信

機器を使うのか、クラウドサービスを利用するのかも重要な検討事項のひとつです。

　物理的なハードウェアを調達して利用する場合は、電源やネットワークなどの配線や機器の設置場所などについても詳細に決める必要があります。クラウドサービスを利用する場合でも、開発するシステムの特性や開発チームが手がけた経験などに応じて、適切なサービスを選定する必要があります。そして、決定した内容を設計書としてドキュメントにまとめます。

　その設計書をもとに、インフラ構築の段階に進みます。構築は、設計書の指示に従い、それを正確に実現する作業です。物理的なハードウェアであれば、機器を設置して回線を接続し、各機器の初期設定や必要に応じてソフトウェアのインストールを行います。クラウドサービスであれば、クラウド上で新規にインフラ部分の開設し、初期設定を行うことで、システム開発のためにサービスを利用できる状態を作ります。

　構築後はいよいよインフラ機器やサービスの稼働を開始し、インフラ運用のフェーズに入ります。インフラは24時間365日稼働するため、平日の日中だけでなく休日や夜間にも運用作業が発生します。システム全体が正常稼働するためには、インフラ機器が正常に運用されていることが必須のため、日々のチェックやメンテナンスやトラブル対応を行います。その要員もインフラエンジニアです。

幅広い範囲をカバーする サーバーエンジニア

　インフラの中でも、サーバー構築や、サーバーの運用保守を担当するエンジニアが「サーバーエンジニア」です。ハードウェアとしてのサーバー用コンピューターの設置や導入、動作状況の監視などが主な仕事です。ハードウェアだけでなく、サーバー上で動作するOSやセキュリティに関するくわしい知識も求められます。開発したWebシステムが正しく動作し、

サービスを提供し続けられるようにサーバー環境を構築・維持します。本書では区別して説明していますが、次に取り上げるクラウドエンジニアも、広い意味ではサーバーエンジニアに含まれます。

クラウド上のサーバーが対象の クラウドエンジニア

　クラウドサービスの普及により、サーバーを自分で用意せずに、サーバー機能だけを提供してもらってWebシステムを導入できるようになりました。こうしたクラウドシステムはもう一般的になっています。このため、そうしたクラウドに対応したサーバー構築や運用のスキルがあるエンジニアの需要が高まっています。このようなクラウドサービスに特化したサーバーエンジニアを「クラウドエンジニア」といいます。代表的なクラウドサービスには、AWS（Amazon Web Services）、Microsoft Azure、Google Cloud Platform（GCP）などがあります。

　新規でインフラ構築する場合にクラウドサービスを利用することもありますし、既存の物理サーバーをクラウドサーバーに切り替えるというケースも、最近のトレンドとして増加しています。今後もクラウドのニーズは高く推移すると考えられ、サーバーエンジニアとしての知識や経験もあり、なおかつクラウドサービスも扱えるようになることで、エンジニアとしての市場価値を高めることができます。

ネットワークエンジニアは ネットワークの専門家

　システムで利用されるネットワークの設計から運用保守を務めるエンジニアが「ネットワークエンジニア」です。今どきのシステムで、ネットワークを利用しないものはないと言っていいでしょう。ネットワークでも、利

用するサーバー構成に合わせてネットワークを設計し、これを構築し、稼働後は運用／監視します。サーバー構成や規模に合わせて、柔軟に対応できるようスキルと知識を備えていく必要があります。

　ネットワークでもサーバー同様に、クラウド化が進んでいます。クラウドといっても従来のネットワークに関する知識やスキルは不可欠です。そうした基本的なネットワークエンジニアの技能に加え、クラウドの知識や経験があるとネットワークエンジニアとしての評価も高くなります。

DBを専門的に担当する データベースエンジニア

　データベースを設計管理するエンジニアが「データベースエンジニア」です。ビッグデータといわれるような大量のデータを管理にデータベースは不可欠です。データベースの管理には専用のシステムが必要で、データベースを専門に取り扱うエンジニアが求められます。そうしたデータベースエンジニアは単にデータベースを管理するだけでなく、企業戦略に活かせるようにデータ収集し分析するのかというような仕事を行うこともあります。

　データベースエンジニアは実際には細分化されており、設計・開発、管理、運用のそれぞれの段階を専門的に扱う職種も存在します。設計・開発フェーズでは、OracleやMicrosoft SQL Serverなどのデータベース製品を扱い、設計されたシステムに最適なデータベースを作ります。管理フェーズでは、データを長期的に保存するためのストレージの最適化や、使用効率の最大化を行います。運用フェーズでは、稼働中のデータベースの定期運用や、セキュリティ管理、データバックアップなどを行います。データベースやシステムの規模によって、それぞれにエンジニアが割り当てられることもあれば、すべてを担当することが求められる場合もあります。

③ システムを攻撃から守る セキュリティエンジニア

　情報セキュリティを専門に担当し、システムを攻撃から守ることを仕事としているのが「セキュリティエンジニア」です。一定のレベルのセキュリティを保つには、あらかじめセキュリティに配慮したシステム設計が必要です。また、安全を維持するシステム運用や、サイバー攻撃を未然に防ぐための調査や対策を行うことも必要です。このため、システムを開発・運用する際のどのプロセスにもかかわる可能性があります。現在のサイバー攻撃は多岐にわたるためいちがいに言えないところもありますが、古典的な攻撃手法ではインフラが狙われることが多く、インフラ関連の専門知識が欠かせません。このため、インフラエンジニアからステップアップするケースが多いようです。一方で、アプリケーションの攻撃も急激に増えてきており、インフラだけしか知らないのではセキュリティエンジニアは務まりません。

　セキュリティエンジニアはシステムの企画フェーズからプロジェクトに参画するケースが増えています。その段階では、システム全体を把握し、必要なセキュリティ面の施策を提案します。その過程ではプライバシーマーク取得のための支援なども行います。

　設計フェーズに入ると、ネットワークの運用や管理まで理解したうえで、セキュリティ上の脆弱性を作らないよう、セキュリティ強化を考慮したシステム設計を行います。インフラにクラウドを採用するシステムが増えているため、クラウドの知識や経験も求められるようになってきています。

　テストフェーズでは、脆弱性診断とセキュリティ検査を行います。テストをクリアしシステムを導入したあとは、障害発生時に迅速に対応しシステムの復旧を図ったり、サイバー攻撃を受けた場合にシステムを守るよう対応したりといった管理・保守の業務を日常的に行います。

④ 安定稼働とトラブル対応が業務の システム保守運用

　稼働中のシステムを、安全かつ効率的に運用したり、定期的にメンテナンスし正常な状態を維持管理したりといった業務にあたるのが「システム保守運用」です。すべてのシステムで導入後は保守運用が必要になりますし、プログラム、インフラ、ハードウェア、OSなどのソフトウェア、データベースといったように、対応する範囲は多岐にわたります。

　システムが正常に動いているかを日常的に監視し、トラブルが発生した際は復旧作業を行います。対応後はトラブルの発生要因の究明や対策を検討し、システム運用方法の見直し、運用手順書の作成・修正、システム関連のマニュアルの更新といった業務も担当します。

　システム全体の理解につながることから、未経験からITエンジニアになった際、最初に配属される場合も多くあります。

⑤ UIの画面設計などを担当する Webデザイナー

　WebサイトやWebアプリケーションの画面部分などのデザインを担当するのが、「Webデザイナー」です。

　自社で新たにWebサービスを提供したいというクライアント（お客様）がいるとしましょう。Webデザイナーの仕事は、クライアントの要望をヒアリングするところから始まります。コンセプト、ターゲット、イメージなど詳細にヒアリングを行います。それをデザインに落とし込みます。サービスを利用するユーザーが目にする画面に必要なパーツ（テキストや画像や機能ボタンなど）をどう配置するか（UI）や、ユーザーにどんな体験を届けるか（UX）なども設計します。その設計をもとに、まずは各ページをワイヤーフレームと呼ばれる大まかな画面レイアウトにしたり、サイト

全体をサイトマップにしたりといった形で、クライアントと検討していきます。この過程で、グラフィックソフトを用いて画像やWebページのサンプルを作るようなことが求められることもあります。

　こうしてクライアントとも打ち合わせを重ねながら、イメージや画面の画面の遷移などに相違がないかを確認します。

　完成した画面レイアウトをもとに、フロントエンドエンジニアがコーディング（プログラミング）します。ただ、開発する企業やプロジェクトの規模あるいは方針などにより、WebデザイナーがHTML、CSS、JavaScriptを用いてコーディングする場合もあります。HTMLとCSSはWebデザイナーが、JavaScriptのコーディングはフロントエンドエンジニアが受け持つといったような分担になることもあるでしょう。

　仮にWebデザイナーがコーディングすることはないというケースでも、Webデザイナーにコーディングの知識や経験があると、実際にWebシステムを作るときのことを考慮したデザインが可能になり、システム開発の効率化が可能になります。そうした実績を示せると、Webデザイナーとしての価値は高まります。開発サイドから「あのWebデザイナーだと仕事がやりやすい」と評価してもらえるわけです。また、クライアントのヒアリング時にどれだけ円滑にコミュニケーションできているかも、最終的にクライアントの満足度に影響します。クライアントのダメ出しに伴うやり直しを減らせるといったコスト削減につながるため、コミュニケーションはWebデザイナーとして大事な能力となります。

⑥ 開発を管理する
プロジェクトリーダー／マネジャー

　この職種は、システムエンジニアの上位のキャリアパスにあたります。キャリアパスについては次にくわしく説明しますが、プロジェクトリーダーもしくはプロジェクトマネジャーは、システムエンジニアの中でも管理業務を担当する職種です。

　開発現場のエンジニアを束ね、開発を予定通り進めていくという業務で責任を負うのが「プロジェクトリーダー」です。プロジェクトリーダーは、システム開発作業だけでなく、開発チームの人員管理や進捗管理を行います。そのため、メンバーに指示を出しリードするための専門的な技術力（テクニカルスキル）が必要になるのと、合わせてリーダーシップ、人間関係の構築能力、管理能力などといったヒューマンスキルも重要になってきます。

　一方、開発の進捗状況はもちろん、クライアントとの交渉や予算管理なども含め、開発プロジェクト全体に責任を負うのが「プロジェクトマネジャー」です。プロジェクトマネジャーは、プロジェクト全体に目を配って管理し、良い人間関係を築きながらチームを作り、プロジェクトを推進します。プロジェクト内部だけでなく、クライアントや関係する企業とも折衝を行い、プロジェクト全体に対して責任を持つ立場になります。会社やプロジェクトの規模によっては、プロジェクトマネジャーがプロジェクトリーダーを兼務する場合もあります。

　プロジェクトリーダーおよびプロジェクトマネジャーは、未経験からいきなりアサインされる職種ではありません。①〜⑤の職種で十分な経験を積み、管理業務に適性があるという評価を得て、なおかつ自分自身がプロジェクトリーダーやプロジェクトマネジャーになる意向がある場合に、"昇進"する職種です。ただ、ITエンジニアとして何年か仕事をしていれば、早晩、プロジェクトリーダーにならないかという声がかかるのが一般的です。このため、いずれは選択可能になる職種として最初から考えておくといいでしょう。

ITエンジニアのキャリアパス

　職種が固まってきたら、キャリアパスについて考える必要があります。キャリアパスとは、ITエンジニアとしてステップアップする方向性のこと。大きくは、スペシャリストとジェネラリストという2つのコースがあります。

　スペシャリストは、自分の専門分野を突き詰めて、技術者としてキャリアアップしていくコースです。それに対して、ジェネラリストは、マネジメント力など幅広い能力を身につけて管理業務に携わる人材になるコースです。プロジェクトマネジャーからさらに先に進んでいくのがジェネラリストです。

技術者としての能力で勝負する
スペシャリスト

　まず、スペシャリストのキャリアパスについて見てください。

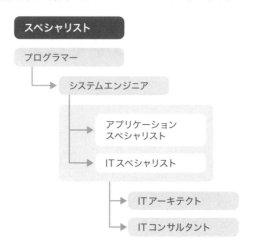

図3-5 専門性を高める方向で進んでいく、スペシャリストのキャリアパス

設計書に基づき、システムを動かすためのプログラムを書くエンジニア
が「プログラマー」です。プログラミング言語の知識が必須です。まずは
いずれかのプログラミング言語を習得するところから始めますが、実際
に多くの業務にかかわるには複数の言語でコーディングできることが必
要になります。システムの検証時に、テストを設計し実施する「テスター」
を兼ねることもあります。

　いずれ設計などの上流工程に移ることを考えているとしても、開発現場
でプログラマーの経験を積むことは必要です。また、その他の種類のIT
エンジニアへのキャリアアップにつなげることが可能な基本職に当たりま
す。新米の職種と侮らず、ここでしっかりと経験を積むことは重要です。

　プログラマーとして経験を積んだあと、設計などの上流工程も担当す
る段階が「システムエンジニア」です。本章ですでに説明した職種は、す
べてシステムエンジニアとも言えるほどの定義もかなり広く、とらえにくい
ところもある職種ですが、ここでは要件定義や設計業務にも携わるエン
ジニアをシステムエンジニアとします。

　システムエンジニアはクライアントへのヒアリングや要件定義を経て
作成した設計書をもとに、プログラマーや外注先にプログラム作成の指

示を出し、管理する業務も担います。開発を進めるために、適性のあるメンバーを集めてプロジェクトチームを作るため、管理業務の比重が高くなるにつれて、プロジェクト管理や組織運営の力も必要になります。

システムエンジニアとして経験を積みながら、次に目指すステップが3つに分かれます。

まず、技術者としてだけでなく、メンバーを率いて開発管理を行う「プロジェクトリーダー」です。実はここから、ジェネラリストへのコースにキャリアパスが変わります。プロジェクトリーダーと、そこから先のパスについては、後述のジェネラリストでくわしく説明します。

アプリケーション開発やパッケージ導入に関する専門技術を活用して、設計、構築、テストまで品質に責任を持つ「アプリケーションスペシャリスト」もシステムエンジニアの次のステップになります。

もう一つの選択肢が、システム基盤の設計・構築を実施し、その性能、機能性、可用性などに責任を持つ「ITスペシャリスト」です。

アプリケーションスペシャリストもしくはITスペシャリストとして経験を積んだあとは3つのパスがあります。

まずは、ここからジェネラリストへと進むパスです。ここまでのキャリアがあれば、プロジェクトリーダーはスキップして、プロジェクトマネジャーになるというのが一般的です。

あくまでスペシャリストのパスを進むと言うことであれば、「ITアーキテクト」と「ITコンサルタント」が選択肢になります。

ITアーキテクトは、ビジネス戦略とシステム開発の橋渡しをしながら、システム全体の方向性や仕様やシステムのあり方を検討し提案する仕事です。開発プロセスの中では最初のほう、つまり上流工程でプロジェクトマネジャーと一緒にクライアントの話を聞きながら、システムエンジニアと初期段階の設計をしっかり固めるところで力を発揮するといった働き方になります。プログラマーやシステムエンジニアとは異なる次元で、多種多様な知識やスキルが必要とされます。

ITコンサルタントは、よりクライアントに近い立ち位置で、クライアント企業の経営戦略に沿ってIT戦略を策定するところまで踏み込み、提案

やシステムの最適化を行う仕事です。

管理業務で責任を持つジェネラリスト

　マネジメントスキルを高めることで、管理業務に携わるのがジェネラリストです。最初からジェネラリストのパスを選べるというものではありません。まずはスペシャリストのパスでプログラマーからITエンジニアとしてのキャリアが始まります。そして、システムエンジニアになったあと、ジェネラリストへのパスが開くことになります。

図3-6　スペシャリストのキャリアパスから枝分かれするジェネラリスト

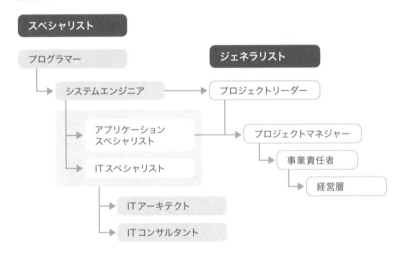

　ジェネラリストとしてのキャリアパスは、一般にはシステムエンジニアからプロジェクトリーダーになるところから始まります。システムエンジニアの段階から、設計書をもとにしたプログラマーや外部発注先に作業を指示し、進捗を管理するといった業務が始まりますが、プロジェクトリーダーでは自分の開発作業の比重が減り、管理業務が主になってきます。
　プロジェクトリーダーとして管理の経験とスキルを積んでくると、よ

り責任範囲が広く、プロジェクト全体に責任を持つ「プロジェクトマネジャー」へのドアが開きます。プロジェクトリーダーとしての経験をベースに、プロジェクト全体を指揮し、顧客との折衝も行う仕事です。さらに、マネジメントスキルと実績を作っていくことで、プロジェクトを超えて事業全体の責任者になったり、さらに経営層を目指したりも視野に入ってきます。これが従来の出世コースと言えるかもしれません。

　どんなキャリアパスを目指すのかによって、身に付けるエンジニアとしてのスキルも変わりますし、技術力だけでなく広義のビジネススキルも必要になってきます。それだけに、やっぱり最初にどんな方向性でエンジニアとしてステップアップをしたいのかを考えておくのは重要です。ただ、エンジニアとして経験を積む中でキャリアパス自体も変化することはあるということはあるでしょう。キャリアビジョン同様、経験を積むことで目指すキャリアパスが変わってくるということもあります。柔軟に考えを変えていくことを恐れないでください。

　また、実際にはITエンジニアのキャリアパスはそこまでシンプルではなく多様になっています。スペシャリストもしくはジェネラリストに特化してその道を突き進むという人もいます。一方で、スペシャリストとジェネラリストを行き来しながら、それぞれのキャリアを積み重ねて行く人もいます。所属する会社のキャリアに対する考え方や制度によっても、実際のキャリアパスは変わってくるところでもあります。

ITエンジニアの雇用形態

　本章の最後として「雇用形態」も見ておきましょう。

　冒頭でも触れた通り、雇用形態には大きく分けて会社員とフリーランスの2種類があり、会社員の中でも「誰のシステムを開発するか」により、自社開発の企業に属する会社員とSES企業に属する会社員に分けられます。

まずは会社員を目指すべき

　会社員として就職するのか、フリーランスを選ぶのかという観点で考えると、未経験からITエンジニアになる場合、まずは会社員からキャリアをスタートすることをお勧めします。その理由は、多くの場合、社内にITエンジニアの基礎を作る教育・研修制度があるため業務に合わせた学習ができることと、チーム開発の経験が積めることです。ITエンジニアの基礎知識を体系立てて学べる座学研修や、サポートがある中で実務経験を積むOJTは、ITエンジニアとしての基礎作りに効果的です。このため、就職先を選ぶときには、そうした制度が会社選びのポイントになるところでもあります。

　また、設計書の作り方や要件定義への同席など、上流工程への経験もスムーズに積めることが期待できるのも、会社員を選ぶメリットです。将来的に転職したり、フリーランスに転向したりといったときに、チーム開発の経験があるのとないのとでは評価が大きく変わります。プライベートの個人開発の経験は実務経験としては評価されにくいため、企業の中でチームメンバーと共同で作業した経験は重要です。

所属する会社を選ぶ際は、自社のシステムを開発する社員を募集する会社を目指すといいでしょう。ここではこれを自社開発と呼ぶことにします。自社開発でなければ、他社の依頼を受けてシステムを開発する企業が選択肢になります。そうした企業、もしくはその企業が提供する開発サービスをSES（ソーシャル・エンジニアリング・サービス）と呼びます。

　自社開発の場合は、すべての工程を開発部門が携わることになるため、未経験でも多くの場合、下流工程から始めて、成長に伴い上流工程の経験が積むといったように、開発のさまざまな工程でスキルと経験を積むことができます。こういった企業では教育制度が整っていることも多く、未経験からITエンジニアを目指すなら、最初に自社開発の企業に入るのが理想的です。

　SESの形態は、所属する企業が契約している案件先へ入り、システム開発を行います。いろいろな現場でさまざまなシステム開発の経験が積めることが特徴です。ただ、少人数のチームとして客先へ入って業務に当たることが多いため、自社開発の企業なら期待できる充実したサポート体制は望みにくいという面もあります。

魅力も多いフリーランス

　フリーランスで働く場合、開発案件ごとに開発主体となる企業と業務委託契約を結んで仕事をすることになります。そもそも会社員とは契約形態が異なり、自分の責任と裁量で仕事を獲得していくため、個人のスキルや交渉力が要求されます。でもその分、働く場所や時間、報酬、仕事相手など、働き方の選択肢が多いことがメリットです。自分自身で案件を獲得するための営業活動を行う人もいますが、最初はITエンジニア専門のエージェントの営業支援を受けることをおすすめします。そうしたエージェントは、多くのクライアントを抱えており、ITエンジニアの代わりに営業活動をしてクライアントを集めてくれているので、案件を見つけられないといった心配はありません。フリーランスになったあとの、税制面や法

律面のサポートがあるエージェントも多く、そういった点でも安心です。

　フリーランスのメリットは、何と言っても会社員以上に選択の幅がひろがることです。ざっと並べても

- 働き方を選べる
- 働く対価を選べる
- 働く場所を選べる
- 働く時間を選べる
- 習得したいスキルを選べる
- 働く人を選べる
- ライフスタイルを選べる

といった点で、自分が主体的に選べるようになります。

　特に会社員と比べて大きく変わるのが、報酬面です。同じスキルや経験値で同様の業務に従事した場合、会社員よりもフリーランスのほうが高い報酬を得られる傾向にあります。確定申告により税金を自分で納めることが必要になりますが、フリーランスは経費計上の幅も会社員より大きくなります。こうした点から、同じ報酬額の会社員と比べて可処分所得が多くなる傾向にあります。もちろん、プロとしてその報酬に見合った成果は求められますが、やはり報酬は魅力です。その点でも、いずれはフリーランスにチャレンジすることを検討する価値は十分にあると思います。

　働く場所に関しては、常駐勤務なのかリモートワークなのか、希望に沿って案件を探すことができます。今はリモートワークでかつ地方からの勤務可能な案件もありますから、地方出身の人でも住まいは地元のまま、リモートワークで東京や大阪など都市部のクライアントの案件に参画するといった働き方もできます。

　働く時間に関しては、クライアント企業の開発チームに参加するので、基本はその現場の勤務体系に合わせることになります。ただし、フリーランスの業務委託契約は、1か月に働く総合計時間と提供するスキルに対

して報酬が発生するため、その時間幅の中であればある程度は自由に勤務時間を調整することが可能です。また、残業自体が契約内容に入っておらず現場と交渉しながら残業を受ける受けないも選べますし、会社勤めでありがちな、みなし残業やサービス残業がフリーランスにはありません。契約時間以上働く場合は時間外手当が必ず発生しますし、残業を受ける／受けないもエンジニア側が選ぶことができるのが一般的です。

会社員からフリーランスに転向する際は、その時点で「スキルシート」を作成します。これはエンジニアにとっては技術の経歴を示すものなので、毎年更新して自分のスキルや経験の棚卸しをすることをお薦めします。フリーランスになるとスキルシートをもとに案件の営業をすることになり、その際にどの言語やスキルを扱う案件に入れるかをスキルシートでエージェントやクライアントに伝えることができます。

今後自分がどんなスキルを伸ばしたいのか、どんな工程や業務に取り組みたいのかの希望に沿った案件を探し、その現場で経験を積めることも大きな特徴です。会社員の場合、会社全体の方針や戦略もありますから、必ずしも個人のスキルアップの希望が通るわけではありません。これに対して、エンジニア個人のスキルを自分で伸ばせる自由度があるというのも、フリーランスとして働くメリットです。

前述のように、フリーランスはクライアント企業の開発チームに参加するので、その現場にいる人たちが一緒に働く仲間となります。自分から積極的にコミュニケーションを取り、他のメンバーと信頼関係を築くこともフリーランスとして重要です。とはいえ、働いてみてどうしてもチームメンバーとなじめないというようなこともあれば、人間関係にトラブルが起こることも、実際にはあります。そういった場合はエージェントに相談し、契約期間終了後に次に希望する案件に移るということが可能です。

会社員であれば一度配属された部署では、そうしたトラブルがあってもしばらくの間耐える必要があるでしょう。フリーランスでもその必要がないわけではありませんが、そういった負担が軽く、自分の意思で案件や現場を選び、一緒に働く人を一新することができます。ただし、気に入らないからといって短期間で案件をコロコロ変えていると、フリーランス

としての自分の信用を傷つけることになります。自分が「この人と働きたい」と思ってもらえる人材なのか。クライアントから自分が選んでもらう、選ばれ続けるための努力もプロとして重要です。

　ライフスタイルを重視して仕事を選ぶ人もいます。地方在住でリモートワークにこだわったり、週4日稼働で自分の自由時間を捻出することを優先したりといった人もいます。育児のためにリモートワークを選ぶ人もいれば、出産時期は仕事を休み、子育てが落ち着いたタイミングでフリーランスとして出産前と同様に仕事に復帰する人もいます。会社員より柔軟に希望するライフスタイルに仕事を合わせられるのも、フリーランスの魅力です。

安定性に欠け社会的信用も 低く見られがち

　フリーランスのデメリットにも触れておきましょう。それは、「安定性」と「社会的信用」です。

　フリーランスは会社員と違い、雇用が保障されているわけではありません。案件ごとの業務委託の契約がベースです。そのため、勤務態度が悪いと見なされたり、現場で問題を起こしたりした場合は、その時点で契約終了になるケースがあります。当たり前のことですが、プロとしての仕事の姿勢や基準は求められますし、ビジネスパーソンとしてのマナーも実は会社員以上に必要です。会社という場は育成の場でもありますが、フリーランスは即戦力と成果が求められます。「今後の成長に考慮して目をつぶる」といった期待はできません。フリーランスこそ社会人としての自覚と心構えは必要になります。

　なお、フリーランスは案件が見つからないのではといった不安もよく聞きますが、専用のエージェントが間に入っている場合は心配ありません。クライアントの案件自体の終了や、開発フェーズが終了し運用に入ったことにより契約が終了することはあります。そういった場合、終了の1カ月

以上前に連絡があり、エージェントが次の案件を探してくれます。それにより、契約終了から間を空けず、スムーズに次の案件に入ることができます。このため、意外に思う人もいるかもしれませんが、この点はあまりフリーランスのデメリットにはならないのです。

　社会的信用については、主として銀行や金融機関から見たとき、会社員（特に正社員）より不利になってしまうという傾向は否定できません。正社員とくらべてしまうと、どうしてもフリーランスのほうが、社会的信用は少し低く見られがちです。このため、ローンの契約やクレジットカードの作成などで、正社員のときにはなかったような対応をされる可能性があります。ただし、それをカバーするために、フリーランス用のクレジットカードや保険もあります。そういうときもエージェントに相談してサポートを受けることをお薦めします。フリーランスで経験を積んだあとに、自分で法人を立ち上げるという道もあります。そこまで行けば、社会的信用は会社員と変わらなくなります。そういった将来像もあることは、後々のために覚えておくとよいでしょう。

　繰り返しになりますが、新卒で社会に出るタイミングやキャリアチェンジするタイミングで、いきなりフリーランスに挑戦することは、不可能ではありませんが、お薦めできません。なぜなら、エンジニアの基礎を身に付けるうえで、会社員として働きながら得られることがとても多いからです。ビジネスパーソンとしての基礎やコミュニケーション力もフリーランスでは必要になります。フリーランスを希望する人でも、短期的な視点ではなく中長期的に見ることが大切です。

起業への道もある

　最後に、ここまでで説明できなかった「経営者（起業する）」という選択肢についてもお話しておきましょう。ここでいう経営者とは、フリーランスから法人化しただけ（俗に言う一人法人）の状態のことではありません。起業し、事業や組織を作り、経営を行うことを指します。ベン

チャーやスタートアップを立ち上げることだと思ってください。

　起業して経営者になるには、会社員として働いたあとで独立する場合と、フリーランス転向後にさらなるステップアップとして起業する場合があります。私も実は起業の経験があり、私の場合は前者でした。会社員時代に準備を十分に行い、しっかりと準備を整えてから独立しました。どういったタイミングで起業を決断するのかとか、どんな準備が必要かについては、別途お話することにします。

　起業のことにも触れたところで、あらためてキャリアビジョンを描く際にお話した、3つの資本（人的資本、金融資本、社会的資本）から雇用形態を比較してみましょう。会社員とフリーランス、経営者では、得られる資本に違いがあります。

表3-1　雇用形態による人的資本、金融資本、社会的資本の違い

雇用形態	人的資本	金融資本	社会的資本
会社員	○	△	○
フリーランス	○	○	△
経営者	○	◎	○

　人的資本は、自己価値を上げるための資本ですから、どの働き方でも成長があり、自分の価値を高めることができます。金融資本に関して会社員の場合、能力が2倍だからといって収入が2倍になるわけではないといったように、制度的に能力と収入が比例しにくくなっています。フリーランスの場合、スキルや経験に応じて報酬は上がりますから、会社員であるよりも能力に見合った報酬を得られる可能性があります。これが経営者となると、フリーランスと違って組織で仕事をした成果を得られます。合わせて成果の大きさが報酬にダイレクトに反映されるようになることから、会社員やフリーランス以上の報酬が見込めるわけです。

　社会的資本に関しては、会社員として働く場合は恵まれています。企業に属して働くため、安心感や安定を得られたり、職場での仲間も作れ

たりといった環境が整っているというのがその理由です。フリーランスは、現場ごとに働く仲間が変わるため帰属意識や安心感は低くなりがちです。経営者は、チームや組織を作り事業を行うため、仕事を通じて良い人間関係を自分の力で作れる立場になります。

　このように、より多くのものが得られる可能性がある経営者ですが、その代わりにリスクや責任が伴います。これは会社員やフリーランスの比ではありません。資金や優れたビジネスモデル、魅力的な商材などがあることは大切ですが、それ以上にリスクを覚悟の上で結果が出るまで事業を継続できるのか、自分自身はもちろん、自社の組織や事業についても自分で責任が取れるのかといった点が問われます。フリーランスなら案件獲得はエージェントを頼ることができますが、経営者は自ら客先を開拓し、新規の案件や新規顧客を生み出すところからが仕事になります。

　将来的に会社員であり続けるのか、フリーランスに転身するのか、経営者を目指すのか。働き方に正解があるわけではありませんし、働き方が自分を豊かにするというわけではありません。大事なのは自分で設定したキャリアビジョンをどれだけ実現できたかです。本章では、職種、キャリアパス、雇用形態についてどうとらえればいいかを説明してきました。繰り返しになりますが、それはあくまで描いたキャリアビジョンを実現するための手段です。どのようにキャリアビジョンを実現するかを本章で考えたことで、ITエンジニアに踏み出す準備が整いました。では次章で、準備として何をすればいいかを考えてみたいと思います。

第 **4** 章

ITエンジニアに
なるための準備

ここまで、ITエンジニアになるためのプロセスを4段階に分け、そのうちの2番目まで説明してきました。

図4-1　ITエンジニアになるための4つのステップ

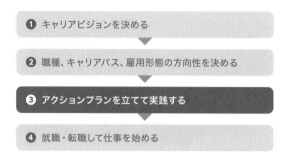

❶ キャリアビジョンを決める

❷ 職種、キャリアパス、雇用形態の方向性を決める

❸ アクションプランを立てて実践する

❹ 就職・転職して仕事を始める

　ここまでの❶と❷は、いわば「考えるフェーズ」です。本書でも第1章でITエンジニアの将来性を検討し、第2章でキャリアビジョンを考え、今の時点で自分がどうなりたいのかを考えました。第3章で、キャリアビジョンを実現するためにどういう働き方をしようか考えました。

　本章では、ITエンジニアになるための準備を始めたいと思います。つまり、❸にあたるここから「行動するフェーズ」に入ります。

　ここで大事なのはToDoリストです。以降で準備段階のポイントを説明します。ここまで職種、キャリアパス、雇用形態を考えてきた過程で、見えてきたものもあるでしょう。そうした点も加味して自分は何をしなくてはならないかを考えてリストアップし、どこから手を付けるか、具体的な行動計画を立てましょう。

　きっと皆さんが旅行をするときも同じなのではないでしょうか。次にまとまった休みが取れたら、こんな風に過ごしたいといった休暇のイメージを作り（これがキャリアビジョンにあたりますね）、それができる目的地を考え、そこへの交通機関をどうするか、近辺にはどんなホテルがあるのか、楽しめそうなレストランはあるかなど（これが職種やキャリアパスなどに相当します）を探しますよね。そうしたら、休暇の日程を決めて、それに合わせてチケットを手配したり、ホテルを予約したりといった行動

にとりかかります。必要に応じてスーツケースを買ったり、服や靴を新た
にそろえたりといったこともするかもしれません。することが増えてくれ
ば、忘れていることがないようにToDoリストを作るでしょう。

　転職・就職の準備もそれと同じことです。旅慣れた人ならばToDoリス
トなしでも準備できるかもしれませんが、皆さんの中に「ITエンジニアに
なることに慣れている人」はいません。本章のテーマは準備ですが、そ
のためには何をしなければならないか、それを整理する必要があります。
それがToDoリストを作る目的です。

考える時間を作って
考えたことを書き出しておこう

　ここまで考えるべきこととそのための材料について説明してきました。それを行動に起こすには、考えるフェーズでしっかり考えることができていることが前提です。とはいえ、どのようなキャリアビジョンを考え、どのようにそれを実現するかに正解はありません。そこで、しっかり考えることができたかどうかは、考えることに時間をかけられたかどうかで計ってみることをお薦めします。

　私は、普段仕事をする上で、必ず週に一度の「自分会議」の時間を設けています。自分のゴールや目標の再考、達成進捗の確認、行動計画の見直しを行う時間です。そうすることで、ゴールや目標からのズレを早めに軌道修正し、効果的にゴールに向かうことができます。

　これを今の皆さんに当てはめてみましょう。まずは、ITエンジニアとしてのキャリアビジョンや方向性を初めて決めるときです。この段階では考えるために、できるだけまとまった時間を確保するとよいでしょう。仕事やプライベートの合間にではなく、自分のために使う時間を最優先にして、他の予定が入らないようにブロックすることが大切です。また、考える場所や空間も工夫するとよいでしょう。自然を感じられる場所、静かで一人で集中しやすい場所、セルフイメージが上がる空間など、考えることの生産性を上げることも意識しましょう。

　それ以降も、ときどき「自分会議」の時間を設けて、キャリアビジョンを修正する必要はないか、方向性を見直すことはしなくていいか。そこまでのふりかえりをしながら、それに合わせて次の行動を見直していくのがお薦めです。見直しが必要なタイミングを逃さないことが、キャリアビジョン実現の肝でもあります。

そうして自分で描いたキャリアビジョンや、決めた職種、キャリアパス、雇用形態については、考えがまとまったところで紙に書き出してみましょう。そのとき、ITエンジニアになることに対して感じている不安や懸念事項、疑問も書き出しておくのがお薦めです。頭の中で考えるだけではなく、紙に書き出すというプロセスにより、頭の中にある漠然とした考え具体的な言葉にできます。たとえば、不安に思っていることを書き出せれば、疑問に変わるといったようなケースです。不安が不安のままでは心配事は解消されませんが、疑問になったならば答えを探せます。誰に聞けばいいか、何を調べればいいか、解決の糸口を見つけることにより、前に進むことができます。

自己学習とエージェント選び

　準備のステップは、まず自己学習です。前章でどの職種を選ぶのかが固まったはず。それに合わせてIT分野での学習を始めます。また、就職・転職の具体的な行動を起こします。徐々にアプローチする企業も具体的になってくるころでしょう。転職サイトや転職エージェントを選んだり、履歴書や経歴書を作成したりといった段階です。面接対策なども、ここで考えておきましょう。

採用側は自己学習で入社後の伸びを判断

　では、自己学習について説明しましょう。未経験者も採用している企業の場合、入社後に自社で教育するのが前提です。であれば自己学習は必要ないのでは？と思う人もいるかもしれません。就職できれば、そのあとで会社が鍛えてくれるはずです。事前に学習したところで、使い物になるレベルまで独学で行けるとは限らないだろうし……。会社だって、そもそも未経験の新人にそんな期待はしていないはず。

　それは確かにその通りなのですが、未経験からのITエンジニアへの転職はポテンシャル採用が大半を占めます。そのため採用側は、入社後に皆さんがどれくらい学び、成長する可能性があるのかという点を面接で見極めようとします。その際、自発的に自己学習をしてきたかどうか、その結果として基本的なプログラミングスキルを習得しているかどうかで、志望者が本気でITエンジニアになりたいかどうかを見極めるわかりやすい指標としています。

　ITエンジニアの道は、生涯続く学習の道です。開発のエキスパートに

なっても、学習は不要とはなりません。ずっと学び続ける必要があります。そのための習慣があるかどうかが、「この人は入社後に伸びそうか」を表すのです。そこで、ITエンジニアとしての第一歩を自己学習から始めましょう。

　具体的にはまず、IT業界全般の知識と、自分が目を付けた職種やキャリアパスについて知ることができるような書籍や解説記事から手を付けるといいでしょう。ITエンジニアがどんな仕事をするのかについて、具体的なイメージを持てるようにします。まったく情報がないということなら、まずは「ITエンジニア」「種類」といったキーワードでWeb検索すると、職種やキャリアパスの全体像がつかめるサイトを見つけられるでしょう。最初はそういうところを糸口にして、徐々に掘り下げていくといいでしょう。

　それにより、最初に選ぶ職種に関わる資格を取得したり、プログラミングの勉強をしたりすることも大切な事前準備になります。第1章で見た通り、実務経験がなくても対策をするだけで取得できる資格もあります。この資格対策が立派な事前学習になります。資格自体が、実際に企業にアプローチする際に有利に働くというメリットもあります。

　資格対策やプログラミングスキルの習得には、独学で臨むか、プログラミングスクールに通うかが悩みどころです。どちらの場合も今の仕事を続けながら、退勤後あるいは土日の時間を利用して学習を進めることになります。

　独学の場合、書籍やインターネットが主な情報源となります。インターネット上には、独学で勉強できるサイトが、無料、有料いずれもあります。こうしたサービスを使うと、計画的に資格取得やプログラミングスキル習得を進めることができます。一方、プログラミングスクールに通うメリットには、プロから体系立てて学べることや、自己学習習慣を形成しやすいこと、学べるコミュニティを得られることなどが挙げられます。

　独学かスクールか、どちらを選べばいいでしょうか。後ほどくわしくお話しますが、これまでの受験や資格取得などの際、塾や予備校にも頼らず自力で成し遂げたという経験のある人は、すでに自己学習習慣を身に付けています。そういう人ならば、新しくITスキルを身に付ける際にも、

自分の力だけで計画を立て成し遂げられるでしょう。そうでない場合は、プログラミングスクールをお薦めします。三日坊主という言葉があるように、習慣を形成するのは簡単ではありません。自己学習習慣は、自分がこれからITエンジニアとして活躍するための下地となり、皆さんの財産になります。独学かスクールかが大事なのではなく、自己学習習慣を身に付けるために最良の選択をしてください。

転職エージェントを選ぶ

　自己学習が軌道に乗り、資格取得やプログラミングスキル習得の目途が立ってきたら、転職エージェントの選定を始めましょう。新卒就職を目指す人であれば、周囲と情報交換をしながら、学生課などの助けも得ながら就職活動を進められるでしょう。それに対して転職活動では、新卒のときとは比べものにならないほど、手助けを得られにくくなります。そこで多くの人が転職エージェントか転職サイトか、どちらかのサービスを利用します。ここでは、そうした転職支援について見てみましょう。

　転職エージェントの場合は、キャリアアドバイザーが担当として付き、あなたの転職活動に伴走します。転職サイトの場合は、自分でサイト上の求人情報から自分で見定めて企業を探してアプローチすることになります。このため、基本的には自分一人で転職活動を行います。

　転職サイトを利用すると、多くの求人から自由に選べたり、自分のペースで納得行くまで検討して転職活動を行えたりといったメリットがあります。しかし、複数の企業との間で面接のスケジュールを調整する（特定の時期に集中するため、意外と大変です）といった手間なども含めて、あらゆることを自分でこなさなければなりません。それ自体に手間がかかります。初めての転職や未経験業種への転職なので、この時点ではわからないことも多く、疑問や不安を常に抱えながらの活動になります。それに対するサポートがない状態で転職活動を行うことになります。

　私の知人の例をご紹介しましょう。その人は独学でプログラミングを

勉強し、転職サイトを見ながら自力で転職活動をしたために、本人の希望と転職後の業務にミスマッチが起こりました。開発を希望していたのに対して、保守運用がメインで、追加開発を少し手掛けるという程度の現場にアサインされてしまったため、なかなか開発経験を積めず、現場で業務に関する疑問点を聞ける人もいない状況になってしまいました。この結果、ITエンジニアとしてのスタートで大きくつまずいてしまい、かなり厳しい経験を積むことになってしまっています。

　転職サイトを中心に自力で転職活動するから、必ずこうなるというわけではありません。転職に成功している人もたくさんいます。ただ、サポートがない場合はこういうこともあり得ます。IT分野への転職経験がある人など、困ったときに相談できる人がいるといった状況ならばあまり心配はいらないかもしれません。でも、未経験からITエンジニアに転職する場合は、転職エージェントを利用し適切なサポートを受けながら転職活動するほうがリスクは小さいと言っていいと思います。

　転職エージェントを選定する場合は、未経験からのサポートがどのくらい手厚いかをポイントに選ぶといいでしょう。エージェントによってその企業しか持っていない求人もありますが、そこまで求人数に差があるわけではありません。ですから、ITエンジニアの転職に強いとか、未経験からITエンジニアへの転職実績があるといった点がエージェント選びのポイントになります。また、履歴書や職務経歴書の作成サポートや、面接対策サポートがあれば、さらに安心ですね。

書類の作成と面接対策

　「履歴書」「職務経歴書」「面接対策」といったキーワードが出てきたところで、就職活動の準備について説明しましょう。この3つがこの段階で必要なことのほぼすべてです。履歴書と面接対策については、ITエンジニアだからといって特別なことがあるわけではありません。一般的な大事といわれるポイントを押さえておけばいいでしょう。必要に応じてインターネットなどで調べれば、だいたいどうすればいいかはわかると思います。一方、転職する場合は、自分の仕事ぶりをアピールする職務経歴書は重要です。ここではそれぞれについて、あらためてポイントをまとめておきます。

　作成する書類は履歴書と職務経歴書です。まず履歴書について見ていきましょう。

履歴書の作成

　基本的な誤字脱字がないことや、期間を西暦で揃えることに気を付けます。添付する写真で印象も変わりますから、スーツを着用し、髪型などの身だしなみも整えて撮影します。好印象を与える写真を使用しましょう。

　転職する場合の自己PRについては補足しておきたいと思います。新卒採用ではありませんから、趣味や学生時代に取り組んだことは不要です。一方、学生時代に情報処理分野の勉強をしていた場合などは、これは記載しておくべきです。それと、現職の仕事を通じてどんな力をつけてきたか、どんな実績を作ったかも簡潔にアピールしましょう。自分の仕事ぶりを伝えることができます。

またプログラミングスクールに通った場合は、どのようなことを習得したのか、どれくらいの時間を自己学習に投資したのか、どんな資格を取得したのかを簡潔にまとめます。プログラミングスクールに関しては履歴書内でのアピールは簡潔に、次に説明する職務経歴書の中で詳細を記載するように書き分けるといいでしょう。

職務経歴書の作成

　職務経歴書についても、最も大事なのは誤字脱字がないこと、履歴書との間で年月日のずれがないことといった基本的なところです。不備がないように念を入れてチェックをしましょう。たとえ小さなミスであっても書類に不備があると、そういうミスをする人物だという印象を与えてしまいます。それにより書類選考を通過しづらくなるかもしれません。正確さを重視して書類を作成することをお勧めします。

　職務経歴書では職務要約の部分が「顔」になります。職務要約が魅力的だと、肯定的な印象を持って職務経歴書を読んでもらえることが期待できます。職務要約には、現職での経験や実績とともに、ITエンジニアで必要とされる能力などもアピールするのがポイントです。これは技術的な要素のことではなく、たとえば論理的思考、課題解決能力、向上心、忍耐力、チームでの業務経験、コミュニケーション力などです。この中に現職で培ったと胸を張れるところがあれば、積極的にアピールしましょう。現職がITエンジニアとしては縁が遠かったとしても、そこでITエンジニアとして必要な能力を培っている人だと伝われば、未経験採用でも優位に働きます。職務経歴書の自己PRでも、この点を意識して詳細に記載しましょう。

　また、プログラミングスクールでどういう内容を学び、どんな能力を習得し、どんな資格をとったか、自己学習習慣を体得しているか、についても記載しましょう。自分が通ったプログラミングスクールに、転職時にどういう情報を出すと効果的なのかを相談してみるのも良いと思います。

プログラミングスクールについては後の章でも解説しますが、完全に独学で学習してきたのに比べて「何を」「どのレベルまで」学んだのかを推測しやすいため、採用する側がレベルをイメージしやすいというメリットがあります。もしプログラミングスクールに通ったことがある、通っているということならば、それは詳細に伝えるようにしましょう。

職務経歴書は重要です。職務経歴書には定まった書式があるわけではありませんが、インターネット上にはさまざまなテンプレートが公開されています。一度はそういった書式を見ておくのもいいでしょう。転職エージェントなどを選ぶ場合には、書類作成についてもサポートがあるところを選びましょう。

面接対策と想定問答

志望する企業にはまず履歴書、職務経歴書とともに応募します。企業側はまず書類で選考します。書類選考を通過したら、次に面接が始まります。面接の機会は、ワンテイクワンチャンスですから、十分に準備しましょう。具体的には以下のような点を面接の場で話せるように準備を進めます。

まず、想定される受け答えを考えます。

① 自己紹介……職歴は抽象的ではなく具体的に話す
② 会社の志望動機……具体的に話せるように
③ 全ての会社の退職理由……ネガティブな表現は控える
④ 今後のキャリアはどのように考えているか
⑤ 今までの経験でのアピールポイント……数字や実績、具体的なスキルで説明できるように
⑥ 他社での選考状況……隠す必要はない
⑦ 現職の年収、希望年収、最低希望年収

こうした点は、一般的な転職での面接に共通したポイントかもしれません。ITエンジニア転職の場合は、次のような点にも備えておきます。

① なぜITエンジニアになりたいのか
② どんなITエンジニアになりたいのか
③ ITエンジニアになって何がしたいのか、何を実現したいのか
④ 自己学習やプログラミングスクールなどで、どんなスキルを習得したか、どんな資格を取得したか
⑤ スクールを卒業後も自己学習を継続しているか

本書をここまで読んできた皆さんなら、あまり困らずに答えられるのではないでしょうか。キャリアビジョンを考えること、それを実現するためにどうするかを考えることは面接対策のためではなく、皆さん自身の人生のためです。でも、それが面接時にも自信を持ってアピールするポイントとして役立つのは事実です。

　面接の際には、相手企業のことをよく知ることも重要です。面接前には、次のような点を押さえておきましょう。

① 企業のWebサイトを面接当日までに3回以上読んでおく
② 就業する前提で前向きな質問事項を3つ以上準備する
③ 企業が求めている人物像が明示されていれば、自分のどの部分がそれに当てはまるかを説明できるようにしておく

　②の「前向きな質問事項」というのは、たとえば実際の業務内容や社内にどういうキャリアパスがあるのか、入社するまでにどういう準備が求められているかといった点です。「自分がこの会社で働くのであれば、こういうところを聞いておきたい」というポイントを質問できるようにしておきましょう。

　面接の際の注意点は、極めて一般的です。ITエンジニアの面接だからといって特別なことではありません。皆さんも常識の範囲でわかってい

ることかもしれませんが、あらためて整理しておきます。

① 明るく元気にハキハキと答える／相手の目を見て答える
② 結論から伝えて簡潔に話す
③ ポジティブに答える
④ 継続と向上心があることをアピールする
⑤ 回答に一貫性を持つ
⑥ 前職や現職を批判しない
⑦ 現職の企業秘密は話さない
⑧ 身だしなみに気を付ける（服装、髪型など）
⑨ 時間を厳守する
⑩ 言葉遣いに気を付ける

　コロナ以降、オンライン面接もすっかり一般的になりました。採用活動の中ではまずはオンラインで、あとから対面で面接するといったような進め方をするケースも増えています。皆さんの中にはオンライン面接は経験がない人も少なくないのではないでしょうか。これも当たり前のように聞こえるポイントばかりですが、オンライン面接のときには次のような点に注意します。

① 事前にデバイス、ネットワーク環境などをしっかり準備、確認しておく
② 15分前に入室できるように待機しておく
③ 服装、髪型、カメラ（背景画像）を確認しておく
④ 話し方、リアクション、表情は通常よりも大きくゆっくりと明るくする

　想定される質問に対しての回答は、事前に原稿を作り、考えをまとめておきましょう。ぶっつけ本番にしたせいで準備不足が相手に伝わってしまっては、それを仕事ぶりと思われてしまいます。自分の大事な転職の

機会ですから準備に時間をかけましょう。また、原稿を作って終わりではなく、アウトプットが大切です。転職エージェントやプログラミングスクールなどで模擬面接などのサポートがある場合は、積極的に利用するとよいでしょう。

　企業選びでは、自分の判断だけで最初から企業を絞るのではなく、アドバイザーから提案を受けた企業にも、まずはエントリーをしてみましょう。転職活動の経験を積むのに役立ちます。転職活動を行う中で、どんな企業に自分がマッチするのか、自分がどのような企業を希望しているのかもその過程で明確になっていくでしょう。

　最終的に内定を受けて転職先を決める際は、ITエンジニアとして経験を積み成長できる環境があるかを大事にしましょう。収入や待遇も重要ですが、ITエンジニアでは特に自分が成長できるかは重要です。場合によっては収入や待遇よりも、成長を重視する転職があってしかるべきと思っています。転職はゴールではなく、新たなスタートです。保守運用やテストだけなく開発経験が積めるかどうか、研修制度のサポート体制があるかどうか、など今後自分の努力によってITエンジニアとしてキャリアアップが期待できるかを重視しましょう。

新卒ならばインターンシップを活用する

　新卒採用で、情報処理分野とは異なる学部や学科からITエンジニアを目指す人もいるでしょう。その場合のこともお話しましょう。基本的には未経験からの転職活動と同様なのですが、大学生の場合はそれに加えてインターンシップ制度を利用する人が増えています。インターンシップとは、就職前に行う就業体験です。多くの企業がさまざまな種類のインターンシップを提供しています。短期のものもあれば長期のものもあるので、たくさんの中から自分の目的に適したものを調べて選びましょう。インターンシップには次のようなメリットがあります。

- 業種や職種の深い理解に繋がる
- 実際に入社してからの働き方に具体手金イメージが沸く
- 実体験することでITエンジニアになる動機がより明確になる
- 受け入れ先企業との関係構築ができる

　早い人だと、大学1年生からインターンシップに参加するケースもあります。ただし、インターンシップは学業と並行して行うことになります。学業および学生生活とのバランスには注意しましょう。

プログラミングスクールのメリット

　自己学習が大事というお話をしました。そこで最も重要なのが自己学習習慣で、採用する企業側が求めているのも自己学習習慣だと説明しました。

　ITエンジニアになるための自己学習には、独学でがんばる方法と、プログラミングスクールに通う方法があります。とはいえ、プログラミングスクールって何するところ?という人も多いでしょう。ここでは、プログラミングスクールを利用するメリットと注意点について見ていこうと思います。

　まず、独学でプログラミング学習を進めることを考えてみましょう。自分のペースで自分の学びたいことを学べる一方で、独学の場合にはつまずきやすいポイントが3つあると言われています。それは、①質問できる環境がない、②エラーが自力で解決できない、③モチベーションが続かない、という点です。

　疑問点をすぐに解決できなかったり、自分でプログラミングしているときに起こるエラーを解決できなかったりというのは、学習の邪魔をします。解決しないと先に進めないからです。これがそのままモチベーション低下につながります。

　インターネットで調べることもできますが、知識や経験が少ない段階では正しい情報に行き当たるまでの効率が悪く、しかもそれが合っているかどうかの判断も難しいわけです。自己学習習慣が身に付く前にこうした落とし穴に引っかかってしまうと、少しのつまずきやモチベーション低下でプログラミング学習を難しく感じてしまいがち。それが挫折につながります。

　これに対してプログラミングスクールには、受講生がこうした落

とし穴に引っかかることを前提に、それを解決する環境を提供してくれています。とはいえ、いろいろなプログラミングスクールがあるのも事実。また、自分にとって合う、合わないというのもあるでしょう。

そこで、プログラミングスクールを選ぶときのポイントをまとめてみました。

■ 提供形式、コース内容、コミュニティをチェック

プログラミングスクール選びのポイントは、提供形式、コース内容、コミュニティの有無、の3つが重要です。順に何をどう見ればいいのかをご説明します。

提供形式は、大きく①教室型、②オンライン型、③eラーニング型の3つに分けられます。

教室に通う形式は、実際に用意されたスペースに受講生が集まり、講師の解説を聞きながら指導を受けつつ、プログラミングを学ぶ形式です。その場で教室にいる講師やアシスタントに質問ができたり、集中して学習に取り組めたりといったメリットがあります。

オンライン型は、教室型のリモート版です。指定された日時にオンライン形式で開催される講義に出席する形なので、住んでいる場所の近くに教室型のプログラミングスクールがない場合でも定期的に講義を受けることができます。

eラーニング型は、講師が講義をするのではなくテキストや動画でまとめられているコンテンツを見ながら自分のペースで学習を進められるのがポイントです。いずれかを組み合わせたハイブリッド型もあります。どの方式が優れているということではありません。現在の仕事の状況などから、自分のライフスタイルに合わせて選びましょう。

私が運営しているスクールは、eラーニング型とオンライン型のハイブリッドで提供しています。現職の仕事が忙しい人でも、eラーニング型なら時間を調整しやすいですし、定期的にオンラインで

講師とマンツーマンで話すことで、疑問やエラーといったつまずきを解消したり、エンジニアとしてのリアルな考え方を学んだりすることができます。

　コースというのは、主として職種に応じたトレーニングをするためのカリキュラムのことです。フロントエンドエンジニアコース、バックエンドエンジニアコース、インフラエンジニアコースなどに分かれていますから、自分の希望する職種に合わせて選びます。

　私のスクールで提供している、バックエンドエンジニアコースの内容を一例としてご紹介します。

Java基礎

1. 開発環境の構築
2. Javaとは
3. 初めてのJavaプログラム
4. 変数とデータ型
5. 式と演算子
6. プログラミングの基本
7. 条件分岐
8. 繰り返し
9. 配列
10. メソッド

Javaサーブレット

1. サーブレット開発の準備
2. Webの基本的な仕組み
3. サーブレット
4. JSP
5. フォームの利用
6. MVCモデルによるアプリケーション
7. リクエストスコープの基本
8. セッションスコープの基本
9. アプリケーションスコープの基本
10. 本格的なWebアプリケーションの基本機能の開発
11. リスナーとフィルタ
12. JSP応用・アクションタグとEL式
13. データベースとDAOパターン

> **Javaフレームワーク**

 1. Spring Frameworkとは
 2. Spring Core (DI×AOP)
 3. データアクセス (Tx、JDBC)
 4. Spring MVC
 5. Webアプリケーションの開発
 6. RESTful Webサービスの開発
 7. Spring MVCの応用
 8. Spring Test
 9. Spring Security
10. Spring Data JPA
11. Spring ＋ MyBaits
12. Spring ＋ Thymeleaf
13. Spring Boot
14. チュートリアル

　これ全体で、バックエンドエンジニアが使用するJavaというプログラミング言語を習得するコースです。働きながら取り組むことが可能なように、ひと通りを半年間で修了できるように設計しています。ゼロから始めて半年後には、基本的なJavaでのプログラミングスキルを習得し、技術者資格であるJava SE認定資格のSilver取得を目指すコースです。単にJavaでのプログラミングについて学ぶというだけではなく、他の言語を使った開発でも通用するプログラミング思考（抽象化、組み合わせ、分解、一般化など）も習得できるようなカリキュラムにしています。

　基本的にはeラーニング形式なので、終業後や休日に自分のペースで学習時間を設け、自己学習を進めることができます。また、eラーニング上のチャットでいつでも質問できるようなシステムにしているので、疑問やエラーが出てきてもスムーズに課題を解決できます。

　それに加え、コースの講師がメンターやコーチとして月に数回、

オンライン面談の形式でサポートできる態勢を整えています。メンターは技術的なサポートや学習方法のサポートを行い、コーチはモチベーション管理などメンタル面のサポートを行います。定期的にオンライン面談の機会を作ることで、そのときまでにコースの学習を進めたり、課題に取り組んだりと学習の進捗の目途を作りやすく、これが自己学習習慣の形成に役立ちます。

　学習を進めていく中であいまいになったり、迷いが生じたりしがちなITエンジニアになる理由や動機も、自分で原点回帰できるようにコーチがサポートしています。弊社以外のプログラミングスクールでも、同様のサポート体制は整っていますから、気軽に相談するところから始めて、コース内容やサポート体制をよく確認しましょう。

■ 自己学習習慣を作るのが最大の目的

　何度も繰り返しお伝えしていますが、自己学習習慣は就職するまでというよりも、むしろITエンジニアになったあとに重要になります。転職して企業に入ってからも研修がありますし、業務に合わせて資格を取得することもキャリアアップには必要です。日々の業務以外でも自己学習を行い、ITエンジニアとしてのスキルアップに努めることになります。ITエンジニアになることはゴールではなくスタートです。自己学習習慣があるのか、ないのかは、ITエンジニアとしての成長やステップアップの機会を得られるかどうかに大きく影響します。ITエンジニアになってから必要となる効率的な学習習慣を、事前にプロから学び習得できることが、プログラミングスクールをお薦めする大きな理由の1つです。これは独学ではなかなか得られません。

　ITエンジニアの学習を始めた当初は、きっと知らない専門用語に振り回されるでしょう。人によっては慣れないコード入力といった、パソコン操作への習熟も必要になるかもしれません。そうしたことから、目に見えては学習が進まないこともあります。そういっ

た場合でも苦手意識を持つ必要がありません。それは自分だけではなく、単純に経験値が少ないために誰にとっても起こることなのです。そういったときに、適切な勉強方法やエンジニア的な思考法を指導するのが講師の役目です。大枠のカリキュラムは同じですが、一人一人に合わせて指導方法をアレンジし、ITエンジニアとしての学習で小さな成功体験を積めるように伴走します。講師も現役エンジニアをエンジニア経験者であることが多いため、未経験から経験を積みITエンジニアになった経験があります。未経験からITエンジニアを目指す人の気持ちを汲み、ノウハウと経験を持つ講師がいることは、期待と不安がある中でITエンジニアへの一歩を踏み出し努力を継続していく皆さんの大きな支えとなるでしょう。

■ スクールのコミュニティを活用する

　プログラミングスクールによっては、授業やコース以外にも、ITエンジニアが参加するコミュニティを提供している場合があります。そうしたコミュニティは受講生同士や卒業生のITエンジニア、プログラミングスクールの講師陣と交流できる場になっており、一緒に学ぶ仲間が増えたり、気軽に様々なことを相談して共有したりすることができます。私のスクールでもコミュニティを用意しており、卒業後も参加し続けることができます。オンラインだけでなく、オフラインで実際に顔を合わせる場もあり、さまざまな人と情報を交換することで学び合える場となっています。プログラミングスクールとは関係なく、現役のITエンジニアや、フリーランスエンジニアもコミュニティに所属しているため、独学ではなかなか難しい人脈を作ることもできます。ITエンジニアになったあとも学び続けることは大切ですし、ITエンジニアになったあとも社外の横のつながりを持つことができます。そうしたつながりが次のキャリアにつながることもあり、そうした点でもコミュニティの存在は貴重です。

　キャリアビジョンの重要性を説明した第2章では、社会的資本についてお話しました。人とのつながり、関係性が重要だということ

が社会的資本になるという点について取り上げました。ITを活用するという点では先進的な業界ですから、特にリモートワークが取り入れられている職場は多いですし、オンラインのコミュニケーションツールを使用して仕事をすることも多い業種です。そうした環境ではあっても、顔を合わせたときのコミュニケーションやアナログな人間関係の構築が重要であることは事実です。普段所属するコミュニティの中でも主体的に良い関係構築に努めましょう。

　就職後も、自分が属する企業というコミュニティに属するだけでは十分ではありません。同じ会社では、同じ価値観や考え方のITエンジニアとの付き合いが多くなるからです。その組織の中だけで人間関係を閉じてしまうと、柔軟なキャリア選択のための知見が得られない可能性も出てきます。技術的な側面で見ても、その企業特有の技術やツールを使用してシステム開発を行うことがあります。そういう"ローカルルール"に染まってしまうと、ITエンジニアとしての成長がゆがんでしまう可能性があります。

　社外のコミュニティにも参加することで、新しい価値観や職業観に触れることもできますし、最新の技術情報や業界動向を広く得ることもできます。社外のコミュニティがあると今後のキャリア相談もしやすくなりますし、一歩引いた立場から客観的なアドバイスを得ることもできます。企業の垣根を越えて、1人のITエンジニアとして、1人のビジネスパーソンとして、社外の人とのつながりを作る場に積極的に参加しましょう。それが、ITエンジニアとしての成長や価値を高めることにもなります。

　ただ、プログラミングスクールについては、料金が気になってしまう人がいるかもしれません。プログラミングスクールの料金はコース内容や学習期間によって変わりますが、実際のところどのプログラミングスクールでも大きな差はありません。料金での比較も重要ですが、同時に自分が継続して学習していけるようなサポート体制や環境があるかどうかをよく確認しましょう。

　こうしたプログラミングスクールのメリットを考えて受講するの

か、あくまで独学で自己学習するのかは皆さんの判断です。特に転職では仕事をしながら学習し、準備を進めていく必要があります。効率的によい結果を生むためにどうすればいいか、ぜひその点もじっくり考えてみてください。

第5章

キャリアアップの
ケーススタディ

ここまでは、キャリアビジョンからキャリアパス、転職・就職活動について説明してきました。でも、実際にはどうやったらうまく行くのか、気になりますよね。そこで本章からは、先輩方が実際にどうやって転職・就職を成功させたのか、さらにその後、どのようにキャリアを積んでいるのか、生の声を交えながらご紹介したいと思います。

就職・転職のケーススタディ

　まずは、ITエンジニアに転職・就職した人の例を紹介します。どういうきっかけでITエンジニアを目指すことにしたのか、自己学習を中心に事前にどのような準備をしたのか、実際に転職してみてどうだったかについてについて見てください。ここでは主として転職を中心に声を集めてみました。

医療系専門職からPMの支援業務へ

Mさん（20代後半）

前職　医療系専門職
転職後　プロジェクトマネジャーの支援業務
　　　　（資料作成、リソース管理など）

　Mさんは独身ですが、いずれは結婚して、自分の家族が安心できる温かい家庭を持ちたいと思っていました。そのためにも、家族を守るための経済力と時間がほしい。とはいえ、未来は明るいとは限りません。パートナーが病気になることもあるでしょうし、離婚することになるかもしれ

ない、このためパートナーに依存するのではなく、経済的に自立しておきたいというのが、Mさんのキャリアビジョンでした。ITエンジニアを目指したのは、自分のスキルアップを収入に反映しやすく、自分次第で収入を上げていくことができそうだと考えたためです。前職は土日が休みという仕事ではなかったため、そのままでは家族との時間を大事にできないのではという懸念があったこともあり、いずれはフリーランスに転向して、働き方を自由に選べるようになりたいという希望もありました。

　ITスキルには自信がなかったため、プログラミングスクールを利用することでスキルや知識を身に付けつつ、ITの世界についての見識を広げることにしました。何か困ったときにはすぐにスクールのアシスタントに質問できる体制がとても心強かったそうです。

　実際にITエンジニアに転職したあと、現在はプロジェクトマネジャーの業務をサポートする仕事をしています。具体的には客先に示したり、プロジェクト内で共有したりといった資料を作成したり、プロジェクトの人員や場所の確保といったリソース管理の一部を受け持っています。「前職の医療系以外のスキルも習得することができて、実際に仕事の幅を広げることができたことが、転職してよかった点です」と話してくれました。

インフラ系の管理業務から
CRMエンジニアへ

Tさん（30代後半）

前職　通信関連企業の管理事務
転職後　CRM*1エンジニア（CRMの導入・運用支援）

　社会基盤を支える通信インフラ企業で管理業務に携わっていたTさんも、未経験からの転職組です。フリーランスとなって、時間も働く場所

＊1　カスタマー・リレーションシップ・マネジメント。顧客管理業務および顧客管理システムのこと。

も案件も自分で選択でき、年収1000万円を稼ぐような人材となりたいというキャリアビジョンを持っていたTさん。さらにその先の将来像として、法人化してさらに年収を上げ、家族や大事な人に使うお金や時間について、妥協なく選択ができるような将来像を描いていました。そのためにも、チームで仕事ができる能力を身に付け、より世の中に広く影響を与えるような仕事をしていきたい。壮大なキャリアビジョンにも聞こえますが、ここまで具体的なイメージを持てているのは強みです。

　目標がはっきりしているので、事前の自己学習では、IT業界未経験の状態からプログラムの構造や考え方を理解し、ソースコードを読んで実務に臨めるまでになりました。できるだけ効率的に学習するために、プログラミングスクールを活用しました。もともと「自習が好きな性格」と自分でいうTさんですが、疑問に思うことが出てきたときにすぐに質問して回答がもらえることや、実際に自分が書いたコードを見てもらい改善点の指摘を受けられるといったような、サポート体制が充実していた点でプログラミングスクールを評価していました。

　CRMエンジニアになってみて、成果物が目に見えてわかることが、やりがいや達成感につながっているそう。また、さまざまなITの分野に携わる機会が増えていくのにつれ、最初はわからなかったことが、調べながら仕事を進めていくうちに理解ができるようになるのが醍醐味といいます。その結果、知識の幅が広がっていくことを通して、成長を実感できていることに満足している様子が見て取れます。

保育士からWebエンジニアへ

Kさん（20代前半）

前職　保育士
転職後　顧客管理ツールの開発および
　　　　Webサイトの保守・運用

　転職後のKさんは、保険会社向けの顧客データ管理ツールの作成に加え、ポータルサイトの改修・保守の業務を行っています。保育士だったこともあり、あまりIT自体の経験はありませんでした。このためまずはプログラミングスクールでHTMLやCSSなどWeb系の基本知識の習得から始め、最終的にはビジュアルのデザインにとどまらず、Webサイトの構築までひと通りのプロセスを学習しました。

　すぐに質問できる態勢が整っているところや他の受講生との情報交換ができるところもプログラミングスクールとのメリットとしながらも、「ITスキルについて指導してもらったのとは別の文脈で、実際に現場に入るときを想定し、自分で調べる習慣について口を酸っぱく言ってくれたアシスタントさんの指導が、転職後に大いに生きています」と振り返っていました。

　自己学習により身に付けた基礎を生かして、転職先の企業で経験を積んでいる人が多いですね。それにやはり自己学習習慣が転職後も大事という声がリアルです。プログラミングスクールの場合は、現役エンジニアが講師やアシスタントを務めていることもあり、現場に則したアドバイスも有効で、この点は独学ではなかなか得られないところかもしれません。

就職後のキャリアアップ

　ここからは、ITエンジニアの仕事に就いたあと、どのようにスキルアップを進めていくのかについてお話します。ITエンジニアのキャリアをスタートするときに会社員をお薦めした理由は、ほとんどの場合、社内にITエンジニアの基礎を身に付けるための教育制度があることです。どんな教育プログラムがあるのかを把握するところから始めましょう。

会社のサポートを活用する

　自分の会社にどのような研修制度があるかは、就職活動中にもある程度調べることはできます。しかしながら、やはり入社が決まって以降にあらためて詳細に確認することで入社前には把握できなかった制度の存在や詳細がわかるケースが少なくありません。入社前や入社後にオリエンテーションを設けてもらえる場合が多いため、そうした場で確認するといいと思います。自分で描いていたキャリアビジョンやキャリアパスのためには、会社から得られる支援も戦略的にかつ遠慮せず活用する必要があります。どのような支援があって、それを積極的に使っていくか。自分の理想に対して100％合っている企業や職場はありませんから、ゴールは変えずに、それを実現するプロセスであるキャリアパスや計画を調整して合わせていきましょう。

　その際、職場の上司や先輩には積極的に相談してみましょう。新しい職場でキャリアアップするうえで、よい人間関係を自分から働きかけて作ることは大切です。未経験で実際の業務に取りかかると、はじめのうちはどうしても知識や経験が不足しているため、わからないことも多く出て

きます。もちろんまずは自分で調べたうえでという前提ですが、業務を止めずに進めていくためには、不明な点は周囲に聞くことになります。その際に、皆さんにとっては質問しやすい存在、周囲にとっては頼ってくれる存在という関係を作っておくことが、自分にとって助けになります。そのためにも、皆さんの側から周囲に働きかけておくことが大事になります。

　もちろん、普段から勤怠をきちんとしている、時間を守っている、報・連・相をしている、日々のあいさつを欠かさない、自分から主体的に学んでいる、仕事を早く覚えようと努力しているなどの姿勢を示しているというのは、社会人として当たり前の前提です。未経験からITエンジニアになった場合、即戦力であることを最初から求められることはほとんどありません。それだけに、研修やOJTの中でいかに仕事をものにしようとしているかというような「仕事に対する姿勢」が日常的に評価されると思ってください。

資格の取得を指示されるのも好機

　業務に必要な資格の取得を指示されることもあります。これもキャリアアップのいいきっかけと考えましょう。ここで生きてくるのが、前章で説明した自己学習習慣です。プログラミングスクールに通う際は、1日に1〜2時間の自己学習習慣を身に付けるように指導を受けることが多いと思います。業務後や休日の時間をどれだけ自己学習に使うかが、ITエンジニアの成長スピードを上げる鍵になります。毎日、時間を確保するのが理想ですが、1週間トータルで考えて、7時間から14時間を学習に割り当てるという考え方ならば、自由度があってやりやすいのではないでしょうか。しっかり時間を取って学習にあてる日を作る一方で、仕事が忙しかったり、プライベートの予定があったりする場合には無理しない日も作るというやり方です。

　会社員の場合、土日祝日を合わせると1カ月あたり約10日間が休日となり、自分の自由に使える時間です。それを1年間積み重ねると約120

日。これを3年間積み重ねると360日になります。そうすると、会社員として3年間過ごすうちの約1年間は自分の自由に使える時間と考えることができます。この自由な時間を何に投資するかで3年後の未来は変わります。それをすべて学習に使うというのも現実的ではありません。休息ももちろん大事です。でも、休日に遊んでばかり、あるいは趣味に時間を使ってばかりいては、残念ながらITエンジニアとしての成長はあまり望めません。

　資格の取得だけでなく、プログラミングスキルを上げるために研究したり、技術書を読んだり、あるいは社外の勉強会に参加して知識を蓄えたりといったことはもちろん、そういった場で積極的に新しい人脈を作ったりといったことも、ITエンジニアの成長につながります。

　ITエンジニアになれたことは、キャリアビジョン（ゴール）に向かうためのスタートですから、理想の実現に向けて効果的な時間の使い方を心がけましょう。

仕事の幅の広げ方

ここまでは、最初にアサインされた業務についてスキルを上げていくことについて説明してきました。そこである程度成長することができれば、自分ができる業務を増やしていく方向性でのスキルアップが可能になり、また、それを求められるようになります。これにより仕事の幅を広げていくことができます。

第1章で、伝統的で基本的な開発手法としてウォーターフォール開発を紹介しました。他にもさまざまな開発手法が登場していることもあり、開発の現場では必ずしも常に採用されている手法というわけではないのですが、プロジェクト全体でどのようなプロセスがあるのかを理解するには最適なので、ウォーターフォール開発と一緒に業務の増やし方を見ていこうと思います。

ウォーターフォール開発では、「要件定義」と呼ばれるプロセスから開発が始まります。順々に見ていきましょう。

❶ 要件定義

お客様（発注元、クライアント）との折衝、ヒアリングを通じて、開発するシステムの目的（発注元の要望）、予算、人員など、プロジェクトの大枠を決めます。

❷ 基本設計

要件定義（❶）で明らかにした要望をもとに、それをどういった機能で実現するかを設計します。

❸ 詳細設計

基本設計（❷）で定めた機能を、次のプロセス（④製造）で実装すること
を踏まえて、システム内部の動作や構造、機能を設計します。

❹ 製造

詳細設計（❸）に基づき、実際にプログラムを作成、実装します。

❺ 単体テスト

製造したプログラムが、それぞれ求められているように正しく機能するか
について、主として個々のプログラムごとにテストします。

❻ 統合テスト

ほとんどの場合、個々のプログラムは連携して一連の処理を実行するよ
うに設計されています。そこでそれぞれのプログラムを組み合わせ、シス
テムとして正しく動作し、求められている機能を実現できているかをテス
トします。

❼ 運用テスト

完成したシステムが、実際の業務に使用できるかをテストします。機能だ
けでなく、処理性能（応答速度）なども評価の対象になります。

❽ リリース

テストをパスしたシステムを発注元に納品し、運用を開始します。

下流工程でエンジニアの土台を作る

　皆さんが初めて本格的に業務に入る際は、この中では下流工程、具
体的には保守運用やテスト、場合によっては製造といったプロセスから
キャリアをスタートするケースが多いでしょう。
　保守運用のフェーズでは、システムが正しく動作している状態を監視

することが求められます。このため、システムの全体像を勉強することができます。運用後に見つかったバグを修正するなどの軽微な製造経験を積むこともできます。

　プログラマーは、設計書に基づきシステムを動かすためのプログラムを書き、製造フェーズを担当します。実際の業務では、プログラムを書き進めながらテストを行うことになります。このため、テストを設計して実施するテスターも兼ねることも頻繁にあります。

　一般に、下流工程の担当がプログラマー、設計などの上流工程も担当するようになるとシステムエンジニアと呼ばれ、本書でもそれにならっています。このため、早くエンジニアを目指すならば、設計などの上流工程に移りたいところです。とはいえ、そのためには、やはり現場のプログラマーの経験が必要です。この段階でしっかり力を付けることが、上流工程で発揮できる実力を蓄えることになります。自己学習でプログラミングスキルを高める努力も大切ですし、現場で周囲のITエンジニアから実務に即したスキルを学ぶことも大切です。優れたITエンジニアは、単にコーディングテクニックをたくさん知っているだけではありません。その土台となっている考え方や発想なども優れています。ぜひそうしたエンジニア的思考法も学び取って、自分のものにしてください。

　そのためのいい機会としてレビューがあります。レビューとは、成果物の妥当性を評価することです。開発の各段階で実施されますが、製造段階では上司や先輩に作成中のプログラムをソースコードの段階で見てもらい、メンバー同士で評価やアドバイスを送り合うのがレビューです。完成に至る前に何度かレビューを実施して成果物の精度を上げていきます。最初は厳しいことを言われることも多いと思いますが、それは自分のコードを改善するための大きなヒントです。何をどう変えなければならないのかがわかるので、確実にスキルを上げるのに役立ちます。また、他のメンバーがどのようなコードを書いて、それがどのように評価されているのか、どのようなアドバイスをもらっているのかも重要な情報です。

システムエンジニアとして上流工程へ

　プログラマーとして経験と実績を積んだあとは、皆さんの成長段階は上流工程にチャレンジするステップに入ります。そのためにも、上司や会社に自分のキャリアパスの希望をあらかじめ伝えておくことが大切です。

　自社開発の場合、上流工程と下流工程を一貫して開発しているケースが多いため、皆さんがそのための実力を付けておけば、そのポジションが空いたときにすぐ上流工程にチャレンジするチャンスをもらえる可能性があります。

　一方SESの場合は、案件先が変わるときに上流工程の参加メンバーに入るチャンスになります。多くの場合、すでに上流工程の実績があるITエンジニアとセットで案件先に入ることになります。そういった機会があれば、積極的に声を上げて上流工程に参加していきましょう。そのためにも、早い段階からいずれは上流工程に参加したいという希望を、周囲に伝えておくことが重要です。「この案件は、あいつも連れて行ったらどうだろうか」という話が出やすくなります。

　設計フェーズには、詳細設計（開発プロセスの❸）と基本設計（同❷）があります。この段階に携わるところからが、本格的な"システムエンジニア"のスタートです。その場合、まずは詳細設計で経験を積むことになります。特殊な環境でなければ、製造からすぐに基本設計にアサインされるようなことはありません。

　詳細設計と製造は密に連動しているため、製造フェーズでプログラマーとして積んだ経験がものを言います。この段階でもレビューの機会があります。設計フェーズの段階では、設計書をもとにレビューします。レビューが自分の成長にとって重要な場であるという点は、製造段階と変わりません。修正すべきと指摘された点は、完成度の高い設計書に求められる条件です。以降の設計書にも役立てられるよう、指摘をしっかり消化して次の設計書にも生かせるようにしていきましょう。

　詳細設計の経験と実績を積んだあとは、基本設計にチャレンジしま

しょう。詳細設計と同様に、実務とレビューを通じて経験を積んでいきます。基本設計の経験と実績を積むと、いよいよ要件定義フェーズへのチャレンジが待っています。このレベルまで成長してくると、基本設計の経験を積みつつ、ある時期から同時に要件定義にも携わるようになります。経験が浅いうちは単独で任されることはなく、クライアントとの打ち合わせに同行することから始めることになります。ここで重要になってくるのはヒューマンスキルです。クライアントの要望を聞き出す力や、ファシリテーションスキルなどのヒューマンスキルも、上司や先輩のすぐそばで学び取りましょう。実際の現場で何がどのように進んでいくのかが最良のテキストです。もちろん、クライアントの信頼を得るために、そこまで蓄えた技術的なスキルが重要になることは言うまでもありません。

5

キャリアアップのケーススタディ

キャリアアップの
ケーススタディ

　上流工程で仕事をするようになってくると、自分のキャリアビジョンに沿って次のキャリアパスを決める段階に入ります。「その次にどの道に進むか」を選ぶという段階です。システムエンジニアの次のステップとして代表的なパスには次の3つがあります。

❶ プロジェクトリーダー

技術者としてだけでなく、メンバーを率いて開発プロジェクト管理し、推進する立場です。

❷ アプリケーションスペシャリスト

アプリケーション開発やパッケージ導入に関する専門技術を活用して、設計、構築、テストまで、開発するシステムの品質に責任を持つ立場です。

❸ ITスペシャリスト

システム基盤の設計、構築を指揮し、その性能、機能性、可用性などに責任を持つ立場です。

　ITエンジニアになるときに決めたキャリアビジョンやキャリアパスがいつまでも最初のままがいいとは限りません。実務経験を積むことにより、自分の将来像が変化することは大いにあり得ます。どうしても業務に追われがちになるのは仕方のないところですが、ときどき立ち止まって今後のキャリアビジョンやキャリアパスについて考える時間を設けるようにしてください。本書の最初からお伝えしている通り、キャリアビジョンが皆さんにとって最も大切です。必要なアップデートは必ずするようにしてく

ださい。

　自分ひとりで考えるだけでなく、職場の上司や先輩に相談することも大きな助けになるでしょうし、自己学習を通じてできた社外とのつながりやコミュニティで情報収集することも役立つはず。会社の中で主体的に業務に取り組んで経験を積むことと合わせて、社外の繋がりを作る努力をすることの両方が大切になってきます。

　とはいっても、観念的なアドバイスだけではどのようにキャリアパスを考えて、決断していけばいいかはわかりにくいですよね。そこで、現役のITエンジニアである"諸先輩"が現場でどんな経験を積んできたのかをご紹介します。経験は財産です。皆さん自身がこれから積む経験はもちろんのこと、先輩の経験の中に参考にできるところがあったり、自分に起こりうることを想定したりといったように、自分のこれからに備えることができます。

　ここからは、現場で最前線に立ってITエンジニアとして活躍する人たちの声を聞いてみましょう。会社員もしくはフリーランスいずれの立場の経験談も参考になるはずです。

クライアントとの意思疎通が重要と痛感

Kさん（30代前半）

前職 　バックエンドエンジニア
転職後　PHPを中心に業務系の
　　　　Webアプリケーション開発を10年間

　Kさんは10年前に飲食業から転職しました。ITエンジニアになったことで、業務以外でも、Web関連、パソコン関連について新しいスキルを習得することに対するハードルが全体的に下がってよかったと笑うKさん。これにより、新しいテクノロジーをはじめとしてIT関連全般に興味が持てるようになり、新しい技術にチャレンジする機会が増えたといいます。

業務に関連するスキルとしては、ブログのデザインの修正、Webサイトの WordPress への移行、Google アナリティクスや広告運用など、Web関連の必須スキルを習得することができました。それにより、年々収入を上げることもできているそうです。

　とはいえ、顧客対応が必要な業務でもあり、プログラミングなど技術的なスキルだけでなく、クライアントとのミーティングを通じて本当のニーズが何かをくみ取る力が必要で、さらにクライアントとの話しについて行くために、その業界独特の知識を身に付ける必要があった点は予想外だったそう。業務後の時間でそういった領域の学習もしました。

会社員時代の経験が
フリーランスの基盤に

Oさん（30代前半）

前職　フリーランスの Web デザイナー
転職後　Web 制作会社で3年半→EC 企業の
　　　　Web サイト部門でデザイナーを2年間

　もともと将来的な業界の成長に期待をして Web 制作会社に新卒で入社。それ以来、現在も業界は成長し続けており、今も成長し続けている業界で収入が上がりやすい点を評価している Oさん。

　新卒で入社した Web 制作会社では終電で帰宅するのが当たり前。体力的にきつい思いをしましたが、そのおかげか3年半で5、6年分の経験を積むことができたことは財産だったと言います。それにより、現在のテクニカルスキルの基盤ができました。

　転職先では時間的な余裕もできたことから、会社以外でもさまざまな人と対話し、コミュニケーション能力の向上や視野を広げることにも努めました。それも含め、すべての経験が今のフリーランス転向の成功につながったと、Oさんは振り返ります。

会社員時代に20代で
PMを経験したのが生きた

Kさん（30代前半）

職種	プロジェクトマネジャー、プロジェクトマネジメントオフィス、ITコンサルタント
職歴	ITエンジニア歴14年（会社員で10年、フリーランスで4年）

会社員でプロジェクトマネジャー（PM）を経験し、その後、フリーランスになってもプロジェクトマネジメントに携わっているKさん。会社員としてITエンジニアを10年勤め、フリーランスに転向してから4年が経ちました。

SES企業に勤務していたこともあり、たくさんのタイプのクライアントや協業を経験することにより、ITを通じてさまざまな業界の知識を得られることがITエンジニアのいいところだと評価しています。また、ソフトウェア開発は自分のアイディアを具現化できるフィールドである点にも面白さを感じたそう。最近では比較的テレワークがしやすく、ライフスタイルを選択しやすいことも魅力だそうです。

Kさんは、26歳のときに50人のプロジェクトでマネジャーに抜擢されました。社内の人事トラブルの対応という背景がある人事でしたが、何より20代でのマネジャー就任はあまり聞きません。確かに大抜擢だったのでしょう。

会社の代表としてクライアントと交渉したり、トラブル対応をしたりと、稼働時間的にも精神的にもタフで、「そのときお付き合いしていた彼女にはフラれてしまいました（笑）」。

ただ、20代でPM経験が積めることは貴重であり、現在フリーランスのPMとして仕事ができている土台になっています。「今では素敵な彼女もできました（笑）」だそうです。

情報システム部から
クラウド支援で起業

Aさん（40代前半）

職種　インフラエンジニア→会社経営
職歴　情報システム部、ネットワークエンジニア、
　　　クラウドエンジニアと仕事の幅を広げてきました

　現在は、AWSを始めとするクラウドサービスの導入支援やコンサルティング事業で会社を経営するAさん。ITエンジニアになったことにより、論理的にものごとを考えられるようになったことと、自分の手でモノ（ソフトウェア）を作り出す技術が身に付いたことが、自分にとって有益だったと話します。

　同時に、人間はコンピューターと違って理屈だけでは動いてくれないことを実体験で学べたことも大切な経験だったとか。

　Aさんも最初はIT系の会社に就職しました。会社全体では決してブラックではなかったのですが、新入社員時代に配属された情報システム部がピンポイントに忙しいところでした。このため、研修が終わった直後から始発で出社し、終電で帰宅する生活をしていたそうです。この当時、技術的なスキルを身に付けていることも重要ではあるけれども、それよりもむしろ社内の人間関係に心を砕くほうが、仕事を円滑に進めていくうえで重要だと気付かされたのが新鮮だったとか。理屈を重視する人には理屈で、感情を重視する人は感情で共感を得るようにすることで、自分の仕事を応援してもらえるようになりました。「ITエンジニア＝テクニカルスキルが最重要」だと思っていた自分には目から鱗の経験だったと当時を振り返ります。これも実務でしか経験できない"スキル"と言えるでしょう。

　多くの先輩の経験談に、「勤務時間が長かった」、「とても忙しかった」というコメントが見受けられます。その点が気になった人もいるかもしれません。

私が会社員のITエンジニアをしていたころにも、とても忙しい時期がありました。これはITエンジニアという業種に限ったことではなく、会社員として働くうえで、納期があったり、クライアントの都合や社内体制によりリソースが不足したりといった事情から、業務が集中して残業が増えるといったことはあると思います。ITエンジニアの場合、運用しているシステムがクライアントの主要業務を裏で支えているため重要度がとても高かったり、24時間365日稼働しているシステムを保守する必要があったりといった事情もあります。また、クライアントやその顧客がシステムを利用していない時間帯ということで、システムのリリースや修正対応を夜間もしくは深夜に実施することもあります。そういった背景も、不規則な勤務時間になったり、高い稼働が求められたりする要因にはなっています。

　ただ、紹介した経験談の中にもありましたし、私の経験でもそうなのですが、集中して仕事をすることにより、自分を成長させられたことは間違いありません。渦中にいたときはタフな経験でしたが、振り返ってみるとその時に培った力が今の仕事に生きていることは多々あります。

　もちろん、体調管理やメンタルヘルスは大切です。そこを犠牲にして仕事をすることは避けなくてはなりません。このため、自分の状況についてまめに上司とコミュニケーションを取ったり、何かトラブルがあれば早めにエスカレーションしたりといったように、周りのサポートを受けられる状態を作っておくことも重要です。忙しいときにこそ、それも重要であると意識しましょう。

　頼まれごとはギフトであるとも聞きます。自分に任されたり、アサインされたりした仕事は、周囲からすれば「あなたならできる」と思われていることです。それを成長の機会ととらえれば、スキルアップのまたとない機会です。新たなキャリアを積むことにもつながりますし、経験談の中にあるように新たなキャリアパスが見つかるきっかけにもなります。さまざまな経験や体験を糧にして、ITエンジニアとしての成長につなげましょう。

ITエンジニアと生成AI

　さて、本章の最後に、現在進行形で進んでおり、あらゆるITエンジニアにとって今後の業務に必ず影響するテクノロジーについて触れておきましょう。皆さんの体験が激変する可能性があるテクノロジーです。

　それは「ChatGPT」に代表される生成AIの登場とその対応です。

　OpenAIがChatGPTを発表したのが、2022年11月30日。このAIは自然言語処理の分野に大きな革新をもたらし、人間のようなテキストを生成する能力を持つAIの可能性を広く認識させました。それからさまざまな企業が生成AIサービスを発表しています。Googleの「Bard」や「Gemini」、Microsoftの「Bing」や「Copilot」などが、その代表として挙げられます。これらの生成AIが浸透することで、ITエンジニアの仕事は将来的になくなるのではないかと騒がれたことをご存じの人も多いでしょう。

　ただ、それから2年以上経った2024年3月現在、ITエンジニアの仕事がなくなるといった動きは起きていません。しかし、生成AIの登場は不可逆的なものですから、中長期的にみるとITエンジニアの仕事への影響は間違いなくあると考えています。

　2023年8月に、IPA（独立行政法人情報処理推進機構）は、生成AIの安全な利用に必要となるリテラシーを向上するため、「デジタルスキル標準（DSS）」と「ITパスポート試験」で生成AIをカバーするよう改訂しました。国としても生成AI利用に関するガイドラインを整えているところです。また、2023年に経済産業省が事務局となり、生成AI時代のDX推進に必要な人材およびスキルの考え方についてまとめた中に、生成AIの利用状況についての報告が

あります*2。それによると調査時点では、企業内のどのポジション（経営者から従業員まで）においても、日常的に生成AIを利用する人の割合は、日本では世界平均より大幅に低くなっています。企業における生成AIの導入率は世界平均が40%なのに対して、日本では24%。このため短期的に見れば、企業における生成AIの導入率が低いため、現状の仕事に直接大きな影響があるということはありません。　国内企業全体でみれば、導入が遅く見られがちですが、一方、IT業界は試験導入している企業は増えてきています。実際、私が手がけたシステム開発案件でも生成AIを利用したサービスがすでに納品済みで稼働しています。開発プロジェクトに参加したメンバーの関係先でも、すでに生成AIを導入している会社があるというケースがありました。特にベンチャー企業のように会社の規模がまだそれほど大きくないようなケースでは、管理者の目が届く範囲にシステムを利用する社内ユーザーがいる場合、セキュリティ面でも管理しやすいため、生成AIの導入にためらう必然性が低くなります。そういったところから積極的な導入が、これから加速していくでしょう。

■ 生成AI時代だからこそヒューマンスキルが重要に？

今後の「with生成AI」時代のITエンジニアには、次の能力が必要になってくると予想します。

- 生成AIの技術を理解して活用する能力
- コミュニケーション能力
- 課題発見能力などのヒューマンスキル

実際に、生成AIを利用する人としない人では、作業スピードや生

---

*2　「生成AI時代のDX推進に必要な人材・スキルの考え方」、経済産業省、2003年
　　（https://www.meti.go.jp/press/2023/08/20230807001/20230807001-b-1.pdf）

産性が大きく変わります。ただし、生成AIが生成したアウトプットが問題のないものかどうかを判断する能力は、必須になります。このため、生成AIに任せれば、すべてやってくれるという状況は短期では現実のものにはならないでしょう。現在は、生成AIがコーディングをし、エンジニアが動作テストを行い、不都合が判明したコードやバグを修正するという利用形態が主流です。

　将来的には、人が実行しているテストや、テストからのフィードバックをもとにした修正までが自動化されていくようになるとは思います。そうすると、コーディングやテストしかできないプログラマーが不要になるかもしれません。そのぶん、プロンプトエンジニアに仕事が移っていくことが予想されます。プロンプトエンジニアとは、AIから望ましい出力を得るために、指示や命令を設計、最適化するスキルを持ったエンジニアです。

　長期的に見れば、単純な製造やコーディングは生成AIに任せるようになっていくでしょう。そのときのエンジニアにとって重要になってくるのは、その生成AIを活用するための技術と能力、それと人間にしかできない分野の能力です。たとえば、要件に基づいたコーディングといったような作業を生成AIが担ってくれるようになるほど、クライアントのneedsとwantsを理解して、的確にシステムの要件を定義し、設計できるエンジニアの需要が高まります。それを支える能力がコミュニケーション能力や、課題発見能力です。生成AIの時代になるほど、ヒューマンスキルが今以上に重要になってくると予想しています。これからITエンジニアになることを目指す皆さんにとって、生成AI時代の到来はチャンスです。自己学習で技術的に追いつくと同時に、こうしたヒューマンスキルのことも忘れずに向上に努めてください。

第6章

次のステップの
ケーススタディ

ITエンジニアとして経験を積んだ先には、次のステップアップを考える時期を迎えます。さまざまな職種や経歴のITエンジニアの方々とお話をしていても、「どんなタイミングで次に行けばいいのか?」、「今のスキルで次に行けるのか?」、「これからどんなスキルを習得し、どのような経験を積めばいいのか?」という質問を受けることが非常に多いです。具体的な答えはその人ごとに変わってきますが、そうしたキャリア相談や支援をしてきた経験から、そのステップアップのタイミングやどんな準備が必要なのかについて見えてきたものがあります。本章ではITエンジニアとして成長したあとの段階で、どうキャリアビジョンをアップデートしていけばいいのか、どのようなキャリアパスがあるのか、お話していきたいと思います。

会社を飛び出すというステップアップ

ITエンジニアとして働く過程で知識や経験を身に付けていくことにより、キャリアビジョンは変化していく可能性があります。ITエンジニアになる前と、実際に実務経験を積んだあとでは見えているものが変わってくるので、それは当然のことです。そこで、定期的に振り返りの時間を作り、キャリアビジョンや計画の見直しを行いましょう。社内での研修や人事考課の面談などもそのいい機会にはなりますが、あくまで自社という枠組みの中でどうキャリアを作っていくか、どうなっていきたいのかという話で終わってしまうことがほとんどでしょう。自分の描いたキャリアビジョンが、今いる企業で働いた延長線上にあるということなら、それで何も問題はありません。でも、必ずしもそうとは限りません。

視野が広がってくれば、それまでには見えなかったものが見えるように

なり、今までは気づけなかったビジョンを得られることがあります。私の場合は、会社の同期が起業したことが自分の視野を広げるきっかけになりました。当時の私は忙しく仕事に打ち込んでいたこともあり、平日は残業のために家と会社の往復、休日は取り組んでいる業務に必要な資格の勉強に使っていました。それはそれで意味があったとは思いますが、その時点では将来を考えるためのインプットをすっかりおろそかにしていたことに気付き、がくぜんとしたものです。幸いそのときは、起業した同期を通じて社外の方との新しいつながりを持つことができ、それが新たな刺激と知見になりました。このことがキャリアビジョンを大きく更新するきっかけになりました。

　新しいきっかけは、新しい人との出会いから生まれることがほとんどです。目先の業務のことだけに自分の時間を使うのでなく、将来のために自分の時間を投資することが重要です。キャリアビジョンを描き効果的な計画を立て実行するという流れは、一度やったら終わりというわけではなく、節目節目で何度も行うことになりますし、自分が新しいビジョンを着想したときが更新しどきでもあります。

スキルシートを作って更新する

　最初に就職した企業でずっと勤め上げるのがキャリアビジョンに沿っているなら、今の会社からのステップアップを考える必要はありません。視野を拡げてキャリアビジョンや計画を見直した結果、今働いている部署や企業内での異動で実現可能であれば、継続して働き続けるのが最も有力な選択肢になるでしょう。それも1つの選択です。ただ、ITエンジニアの場合は、必ずしも現在の会社にこだわるのがいいとは限らないケースが多いのが実情です。

　そのとき、ステップアップの選択肢は大きく3つあります。それは、転職、フリーランス転向、起業です。ここではキャリアビジョンの実現のために、働く場所や働き方を変えるステップアップについてお話していきます。

まず、ステップアップを考えるうえで最初にやるべきことは現状把握です。ITエンジニアとして1年以上働いたら、必ず「スキルシート」を作成しましょう。スキルシートには、自分が保有しているITスキル、経験してきた開発言語やシステム開発のどの工程を担当してきたのかなどをくわしく記載します。

　もしスキルシートを作成しないままでいたり、数年分更新せずにため込んでいたりすると、自分自身がどんなスキルを習得し、どんな経験を積んだかわからないまま仕事をし続けることになります。そうなると、自分が正当な評価を受けているかの判断もしづらくなります。これは、よりよいキャリアを築いていくことを考えると、とても危険な状態です。健康診断で自分の体がどうなっているかを把握せずにいるようなもの。生活を改善しなくてはならないかもしれないのに、それに気付かずにいるのと同じことです。スキルシートの作成や更新を通じて、毎年定期的に自分のキャリアを確認し、改善する必要があれば対応することが大切です。

　スキルシートを作成したら、自分のキャリアビジョンに、自分が向かっているかどうかを自己評価しましょう。自分の目標としている職種やキャリアパスにはどんなITスキルや経験が必要かを考え、現状とのギャップを埋めるためのステップアップを検討していきます。今の企業からのステップアップが選択肢に入ってきたときには、社外の人から評価も受けることも効果的です。自分では問題ないと思っていても、客観的にみると方向性がずれていることもあります。社外で自分の理想としているITエンジニア像を実現している人や、IT関係に強い人材事業のプロに聞くことをおすすめします。それによって、キャリアビジョンの実現までの道のりをより明確にできますし、解像度を上げていくこともできます。

転職するタイミングは？

　ITエンジニアが転職する動機には、主として次のようなものがあります。

- 収入面を改善したい
- 働く環境を変えたい
- キャリアビジョンの実現のためにステップアップをしたい

　未経験からITエンジニアになった場合、いきなり即戦力となることはほとんどありません。このため、社内で研修などを通じて勉強をしながらのスタートになります。そうすると、最初の1年あるいは2年の間は大きく収入が上がるということはありません。その間の収入にこだわってもあまり意味がないでしょう。ただし、その先の5年もしくは10年のスパンで見たときに、スキルアップに見合った収入が得られる可能性があるのかはよく見る必要があります。先輩や上司に聞いてみるのもいいでしょう。自分の望むスキルアップやそれに見合う収入が得られる可能性を感じられなくなったら、そこが転職を考えるタイミングだと言えます。

　働く環境を変えたいというのも、転職理由として多く聞くところです。会社員である以上、職場の人間関係は自分の自由になりません。会社に指示された部署やチームで働くことになります。もちろん自分の成果が出ないことを職場環境のせいにしていては成長がありませんから、与えられた場所で最大限の努力をすることは大前提としてあります。それを踏まえて、日常の仕事が求めているスキルアップにつながらなかったり、ステップアップの希望が通らなかったりということが続くのであれば、会社自体を変えることが選択肢に入ってきます。「上流工程の経験を積み

たいが会社にそのポジションがない」、「設計や要件定義の仕事に就ける
のが、自分で想定していたよりも年を重ねてからになる」、「会社都合で保
守運用の担当期間が長く、希望する開発経験が積めない」などの状況の
場合、転職が現状打破につながるでしょう。やはり、ポイントは今の会社
での働き方の延長線上に、理想のキャリアビジョンの実現の可能性があ
るのかどうかです。これを、ステップアップをするかどうかを決める選択
の基準にすることをお薦めします。

　「好きな仕事をしているから今はいい」、「やりがいがあるからなかな
か次を考えられない」、そういう声を聞くこともあります。好きなことをや
る、やりがいが大事、それが自分のキャリアビジョンで重要なのであれば
それでいいでしょう。そうではなく、キャリアビジョンを描くことなく、今
の気持ちのまま現状維持を選んでいたり、もしくはキャリアビジョンの実
現とは違う方向性で充実感を感じていたりするのだとしたら、一度立ち
止まって考えるときなのかもしれません。私自身がITエンジニアだった
ときの経験を振り返っても、ハードワークをして仕事に没頭していること
により、やりがいや充実感を感じることもありました。同時に、この打ち
込んでいる道はどこに続くんだろうかという不安や懸念もありました。そ
れは、キャリアを会社任せにして明確なキャリアビジョンを描いていな
かったからです。

経験を積むための転職は32歳まで

　では、転職したほうがいいと思ったとして、いつがそのタイミングなの
でしょうか。まず、あまり短い期間で転職するのは避けたほうがいいで
しょう。1社で2年間以上の経験を積んでからが望ましいです。勤務年
数が2年間未満だと、1つの会社で2年間継続できないという印象を与
えるため、転職には不利に働きます。ノリや勢いに任せた短期の転職は、
自分の履歴書を"汚す"ことにつながります。控えたほうがよいでしょう。

　逆に、キャリアビジョンの実現につながらないとわかっていながら何年

もそのままでいることも、転職にとっては不利に働きます。一般的に、下流工程から上流工程へのステップアップや、保守運用から開発へのキャリアチェンジは、32歳になるまでが望ましいです。上流工程で十分な経験や実績を積んだり、リーダーやマネジメントでの経験を積んだりした上での転職であれば、32歳以上でも問題はありません。スキルアップが目的の転職の場合は、採用側の企業でも育成のための期間を確保するために、年齢制限が生まれやすくなっています。20代から30代前半にどんな経験を積み、どんなキャリアを築くかどうかは、30代以降のITエンジニア人生に大きな影響を与えます。

　転職エージェントなどに頼らず、自力で転職活動を行うときにも注意が必要です。最近ではSNSなどでもITエンジニアを募集する企業を見掛けます。そこでよいご縁に恵まれればスムーズに転職になるケースもあります。私が把握しているケースでは、SNSを通じて転職したものの、自分には合わない環境だったため、結果として成長を果たせず、実績も積めないまま、次々と転職を繰り返すだけの状態になってしまった人がいました。スキルに見合った現場に入れなかったために、転職しても長続きせず、履歴書では在籍した企業の数がいたずらに増えてしまったというケースです。そうなった場合、スキルや年齢とは不釣り合いな転職回数になるため、転職すればするほど、さらに転職しづらくなるという悪循環に陥ります。IT業界の経験がまだ浅い状態のときに自力で転職に臨むのは、企業を見極める目が養われていないためお薦めできません。信頼できる転職エージェントを探し、そのサポートが受けながら活動するほうが、安心して転職を進められると思います。

　実際に、どういうキャリアでどういう判断をすれば、ステップアップのための転職がうまくいくのか、気になるところでしょう。そこで、実際にステップアップ転職を成功させた人に聞いてみました。

クラウドの設計業務に
携われなかったことで転職

Oさん（下流工程→上流工程）

前職 バックエンドエンジニア
転職後 クラウドの設計業務に携われる企業へ

　Oさんは、インフラエンジニアとしてITエンジニアのキャリアをスタートしました。物理的なサーバーの保守運用や設定業務で経験を積みながら、社内の資格制度を活用してAWSの関連資格を取得するといったようにスキルアップも実現していました。

　その結果、社内でのステップアップも実現し、AWSの設定や保守運用業務でも実務経験を着々と積み上げていました。

　ただし、Oさん本人はAWSを使ったプロジェクトでの設計業務にも乗り出したいと思っていたにもかかわらず、当時の会社ではAWSの設計業務に携わる機会は望めませんでした。Oさんは上流工程の経験をできるだけ早くに積むことで、ITエンジニアとしての価値を高めたうえで、フリーランスに転向するというキャリアビジョンを持っていました。それにより収入だけでなく、働き方やライフスタイルを自分で主体的に選べるようになりたいと考えていたのですが、自分の描いていたキャリアパスが自分の会社にはないことから転職を決意。インフラの上流工程に携わることができる企業に転職しました。

社内サポート業務からステップアップ

Kさん（情報システム→ネットワークエンジニア）

前職 情報システム部門で社内サポート
転職後 ネットワークエンジニア

　Kさんは前職では自社の情報システム部門に所属し、社内ユーザーを対象にプリンターやパソコンをはじめとするIT機器に関するサポートやトラブル時の対応に取り組んでいました。業務の範囲は幅広く、社内システム、IT機器、ネットワークなどのトラブル対応、社内システムなどの保守管理、IT機器の導入業務など。自分としてはさまざまな領域でスキルと経験は積めたという実感はありましたが、その裏返しとして自分には専門領域がないことを課題に感じていたそうです。

　Kさんはそれまでの業務を通じて、縁の下の力持ちとして周りを支える仕事がしたいというキャリアビジョンを持つようになっていました。このため、インフラ分野に焦点を当て、収入よりもリーダーとして責任を持った仕事ができるようになりたいと考えていました。このため、希望としてはあくまで会社員にこだわり、プロジェクトリーダー、プロジェクトマネジャーの経験を積んでいくという働き方でした。

　そこで、これまでの多様な実務経験の中から、ネットワークエンジニアとして専門性を高める道を選択。そのキャリアパスに沿って転職をすることに決め、自分のビジョンに沿った会社に転職することができました。

もともと希望していた
バックエンドエンジニアに転身

Hさん (カスタマーエンジニア→バックエンドエンジニア)

前職 カスタマーエンジニア
転職後 バックエンドエンジニア

　Hさんは IT 企業にてネットワークの基礎知識を身に付け、お客様対応を行うカスタマーエンジニアとして2年間キャリアを積んでいました。しかしながら、もともと学生時代にバックエンド向けのプログラミング言語を習得していたため、実務を通じてその方面のスキルを伸ばしていきたいというビジョンを持っていました。さらに、いずれはフリーランスとして Web アプリケーションの開発を自分ひとりで引き受けられるようになりたいというビジョンも描いていました。このため、フロントエンドやインフラの業務を通じて Web アプリケーション開発のためのスキルをまんべんなく高めていくような職種の展開を考えていたのです。

　ただ、入社してから自分の会社にはそのキャリアパスがないということがわかります。入社前にしっかり調べておけば……というケースですが、後の祭り。ビジョンを実現する可能性がまったくないことから、すぐに転職を決意しました。

　Hさんの場合は新卒入社からすぐというのが逆に幸いしました。実務経験はごくわずかの状態で、かつ在籍も短期でしたが、年齢的に第二新卒枠ということもあり、開発業務に携われる企業に転職を決めることができました。キャリアビジョンを実現するという点では可能性がほぼない状態ではありましたが、前職の間は任された仕事を通じてコミュニケーション力を磨いていたり、自主学習に取り組んでいたりしたことが評価されたようです。

フリーランスに転向する タイミングは？

ITエンジニアとしては未経験の人でも、「フリーランスエンジニア」を目標にしたいと思っている人は少なくないのではないでしょうか。はっきりとフリーランスとして働くことをキャリビジョンにしてはいないにしても、その可能性があるのならと視野に入れている人となるとかなり多いかもしれません。

フリーランスには

- 働き方を選べる
- 働く対価を選べる
- 働く場所を選べる
- 働く時間を選べる
- 習得したいスキルを選べる
- 働く人を選べる
- ライフスタイルを選べる

といったように、会社員とは違って格段に選択の幅が広がるのがメリットです。それだけのメリットを享受するには、それに見合ったITエンジニアとしての実力が必要になります。実力とは、スキルと経験のことです。ただし、一定の実務経験を積み上げると、スキルと経験はある程度比例して伸びているものです。特に、スキルはあるが経験はないという状況はほとんどありません（経験年数はあるが、スキルはない、ということはあり得ます）。そこで、スキルに焦点を当てて、ITエンジニアの実力について考えてみましょう。

ステップアップを考えるなら、どのようなスキルをどれくらい習得すれ

ばよいのでしょうか。まずはフリーランスかどうかにかかわらず、ITエンジニアとしてキャリアアップするために、どのようなスキルを習得していくべきかを見ていきましょう。

　ITエンジニアとしてキャリアアップする上で重要なスキルは、大きく分けて3つあります。

　　① テクニカルスキル
　　② ヒューマンスキル
　　③ コンセプチュアルスキル

　これらのスキルのすべてを習得しなければ、フリーランスに転向できないというわけではありません。ただし、いずれかひとつであっても、あまりにもスキルが低い状態でフリーランスに転向してしまうと、転向はできてもすぐに頭打ちになってしまう可能性があります。転向後に身に付けるよりも、会社に所属しているときのほうが習得しやすいスキルもあります。まずは、スキルの全体像を理解しておくことが大切です。

① テクニカルスキル

　では、それぞれのスキルについて順に見ていきましょう。まずは①のテクニカルスキルです。

　これは、プログラミングや開発言語などの技術的なスキルにあたります。ITエンジニアになってすぐのころはサポートがあることを前提にプログラミングし、システムを製造するプロセスの一部を担うレベルからスタートします。そこからまずは、自分一人で製造プロセスの自分の割り当て分を担当できる状態を目指します。このことは、第4章でも触れました。さしあたり同一の開発言語で2年以上の経験を積むと、スキルレベルとしても経験年数としても、製造ができる一人前のプログラマーと言えるでしょう。

各プログラミング言語には、「フレームワーク」と呼ばれるものが用意されている場合があります。フレームワークとは、システムを開発するために必要な機能があらかじめ用意された枠組みのことです。フレームワークがあると、開発に必要な全機能をゼロから作るする必要がありません。多くのシステムで使われるであろう機能を、汎用的に使えるようにまとめて提供されているのがフレームワークです。フレームワークを活用することにより、開発にかかる時間を大幅に短縮できます。

　製造の際はフレームワーク内のフォーマットを利用して開発を行うことにより人為的なミスを削減したり、開発チーム内でのルールを統一したりといったことができるため、さまざまなプロジェクトでさまざまなフレームワークが利用されています。フリーランスに転向する際には、プログラミング言語だけでなく、どんなフレームワークの経験があるかも評価基準になります。現場で使用される代表的なフレームワークもご紹介しておきます。フレームワークは、プログラミング言語ごとにあります。自分が得意とするプログラミング言語用の主要なフレームワークについては、業務での経験はないものでも基本的な機能や使い方を習得しておくと武器になるでしょう。

表6-1　主要なプログラミング言語と、Webアプリケーション開発によく利用されるフレームワーク

言語	主なフレームワーク
Java	Spring Framework
JavaScript	Vue.js、React（いずれもフロントエンド）
Ruby	Ruby on Rails
PHP	Laravel、CakePHP
Python	Django

　未経験の場合、最初は下流工程（保守運用、テスト、製造）にアサインされることが多い点にはすでに触れました。ある程度のレベルまでなら、

下流工程での経験とスキルは、自然と積み上がっていきます。次のステップを考えると、次に上流工程（詳細設計、基本設計、要件定義）でのスキルアップを意識的に図る必要があります。

　設計者として習得する必要があるのは、「テクニカルライティングスキル」です。設計書や仕様書などのドキュメントを執筆するためのスキルです。これも立派なテクニカルスキルの1つです。

　設計書や仕様書は、システム開発を行ううえで重要であり、その資料を正確に効果的に作成することはシステム開発の納期や品質にも直結します。システムエンジニアはプログラムを書くだけが仕事ではなく、設計書や仕様書などの技術的なドキュメントを作成するテクニカルライティングスキルが求められます。職場で使用されている雛形やテンプレートがある際は、それを利用して基本的なスキルを身につけましょう。

　一般的にはテクニカルライティングでは次のような点が重要とされています。

● ドキュメントの目的と読み手を明確にする

　誰にどういうことが伝わればいいのかを先に明らかにします。これが、ドキュメントの目的になります。それを前提に、読み手がどう受け取るかを想像しながら、読み手に伝えるべき内容を定義します。

● 情報を収集して文書の構成を整理する

　いきなり細部から書き始めるのではなく、まず全体の構成を考えます。大項目→中項目→小項目という順に落とし込んでいくと、一貫性がある文章にまとまります。また、ドキュメントに盛り込むべきことの漏れや抜けを防ぐこともできます。

● わかりやすく、簡潔な文章で書く

　ドキュメントの最初に重要なポイントを示したり、見出しをつけたりすることで、読み手にとってわかりやすい文書にします。1段落にあれこれ詰め込まず、1トピックを伝えるように書きましょう。1画面内に収まる範

囲で伝えたいことを伝えられるよう、情報量をコントロールすることも大切です。

● 一文一義を原則とする

1つの文には、1つの主題を書くようにします。1文に複数の主題を盛り込もうとすると、読み手からするとわかりづらい文章になります。主題に違いが出たら、文章を分けることを心がけましょう。

● 能動態と受動態を使い分ける

読み手やユーザー視点の操作は能動態で書きます。システム側の動作は受動態になるように書きます。これにより、ドキュメント全体を通して読み手の視点で統一することができます。

● できるだけ具体的に書く

5W1Hをあいまいにするなど、表現に具体性に欠ける記述は避けましょう。あいまいな表現は、読み手の解釈を必要とします。このため、書き手の意図通りには読み手には伝わらなくなってしまいます。

こうしたポイントを押さえたドキュメントを書けるスキルは、プロジェクトのドキュメントに限らず、一般的な文書でも求められるスキルでもあります。設計業務はもちろん、日々の業務の中で文書を作成する機会は意外に多いものです。どういった文書でもテクニカルライティングを意識して作成することで、上流工程のスキルを上げていくことができます。

チーム開発の経験も
テクニカルスキルのうち

　チーム開発の経験も、テクニカルスキルに含まれます。企業内でシステム開発を行う場合、多くはチームで開発を行うため、共通の開発ルールを設けたり、共有ツールを使用したりします。この領域は個人開発では経験が積めません。会社員時代に最も効率良く経験が積める分野です。

　たとえば、ソースコードのバージョン管理には「Git（ギット）」や「GitHub（ギットハブ）」といったツールやサービスが用いられることが増えてきました。開発時は複数の開発者で分担して作業するため、同じソースコードが頻繁に書き換えられます。そのため、個々のソースコードについて、いつ誰がどこを更新したのか、最新のバージョンはどれかなどについて、誰でも、いつでも正確に把握できなくてはなりません。そうしたバージョンを管理するツールの1つが「Git」です。ソースコード管理なしに、効率的な共同作業はできません。こういったチーム開発の経験や、ツール利用の経験も、スキルシートに記載できる内容になります。

② ヒューマンスキル

フリーランスに転向する際に、一番重要といっても過言ではないのがヒューマンスキルです。同レベルのテクニカルスキルがあるのであれば、差が付くのがヒューマンスキルです。

システム開発は、チームを組みプロジェクトを推進させます。業務を円滑に進めるためには、チーム内においても顧客との間においても良好な人間関係があることが重要になります。良好な人間関係は、仕事や成果物の質にも直結します。私が駆け出しのITエンジニアだったころ、頭の中はテクニカルスキルを上げることでいっぱいでした。それでも、当時のマネジャーやリーダーは、テクニカルスキルだけなくヒューマンスキルにも長けており、それは新人ながらよくわかりました。まずはテクニカルスキルをと思っていましたが、それでもその人たちのヒューマンスキルに敬意と憧れを持ったことを覚えています。

実は私自身もそうでしたし、周囲のITエンジニアに聞いていても、ITエンジニアになった理由の1つに、人と関わるのが苦手だからというのがあります（消極的な理由ではありますが）。営業部門のように人とコミュニケーションを取る仕事ではなく、パソコンと向き合って技術力を発揮していればよい仕事、という認識だったわけです。ITエンジニアになり経験を積んでいくにつれ、キャリアアップするのであれば、いちビジネスパーソンとしてヒューマンスキルを身に付ける重要性があると思うようになりました。

ヒューマンスキルは、リーダーシップ、コミュニケーション能力、ネゴシエーション能力、プレゼンテーション能力、コーチング能力、ヒアリング能力、向上心という7つの要素で成り立っています。それぞれについて見ておきましょう。

● リーダーシップ

リーダーシップは組織やチームを牽引するスキルのことです。自分

個人だけでなく、チームのパフォーマンスを最大化し成果を作ることが
リーダーの仕事です。目標達成のために率先垂範で動くことや、責任を
取ること、チームメンバーのモチベーション管理、チームをまとめるな
ど、リーダーシップは奥が深いスキルです。

● コミュニケーション能力

ヒューマンスキルの中でも、特に重要なのがコミュニケーション能力
です。相手が誰であれ、その人の理解に努め、相互理解を深めることは、
信頼関係の構築につながります。信頼関係を築いたうえでの仕事は、心
理的安全性を組織にもたらします。それがチーム全体の業務の効率化
や生産性向上にもつながります。

● ネゴシエーション能力

商談や要件定義の場で必要になるのが、ネゴシエーション能力です。
コミュニケーション能力とも密接に関係しますが、顧客との間に信頼関
係を構築し、双方にメリットがあり、双方にとって納得のいく結果を導き
出すために必要なスキルです。バランス感覚も求められます。

● プレゼンテーション能力

プレゼンテーションは、自分の意見を相手に伝えるスキルです。伝え
るだけでは足りません。伝わったかどうかが重要です。チーム内、社内、
クライアントとのミーティング、商談の場など、さまざまなシーンで必要
になります。論理的であるだけでなく、ときには感情に訴えることができ
るのもスキルです。両面からアプローチできるプレゼンテーション能力
を身に付けたいですね。

● コーチング能力

チームメンバー個人やチーム全体を育成する際に必要なスキルです。
単なるアドバイスやレクチャーで"教える"のではなく、本人が自分で気付
いて成長できるような投げかけや声がけ、受け答えが重要となります。

● ヒアリング能力

「聞く」ではなく、「聴く」。相手の話を傾聴するスキルのことです。心を傾けて真摯に聴くことが、信頼関係構築には必須です。

● 向上心

テクニカルスキルに対しても、ヒューマンスキルに対しても、常にスキルアップを心がけることが大切です。スキルアップに終わりはありません。

このようにヒューマンスキルには7つの側面があります。こうしたスキルは、普段の業務をただこなしていくだけで身に付くものではありません。受け身ではなく、主体的に業務に取り組むことで、スキルが磨かれていきます。新しい工程にチャレンジする機会や、リーダーポジションを得られる機会があれば、チャンスと考え、積極的に手を上げていきましょう。そうしていくことで、スキルアップする機会がさらに増えていくはずです。

③コンセプチュアルスキル

テクニカルスキルやヒューマンスキルと違って、コンセプチュアルスキルは聞き慣れない言葉かもしれません。コンセプチュアルスキルとは、あらゆる物事の本質を理解して判断し概念化する能力です。たとえば、プロジェクトでトラブルが生じたとしましょう。それまでに体験したことのないトラブルであったとしても、適切に対処しなくてはなりません。そのためには、「事象の本質をとらえ最適な判断を下す」ことが必要です。これがコンセプチュアルスキルです。

元来、このスキルは事業責任者や経営層のレベルで必須とされてきました。しかしながら最近ではシステムが複雑化、高度化するのに伴い、現場で起きる事象にも迅速かつ柔軟に対応しなければならない場面が増

えています。このため、現場にいるさまざまな階層のITエンジニアがコンセプチュアルスキルを身に付けている必要性が出てきました。

コンセプチュアルスキルの要素は多岐に渡ります。ここでは代表的なものを紹介しましょう。もしかするとすでにご存じの要素もあるかもしれません。

● ロジカルシンキング（論理的思考）

論理を組み立てて、筋道が通った矛盾のない結論を出すための思考法です。

● クリエイティブシンキング（水平思考）

枠組みにとらわれず、発想をどんどん広げていく自由な思考法です。横に広げていくというイメージで、水平思考とも呼ばれます。また、ラテラルシンキングと言われることもあります。

● クリティカルシンキング（批判的思考）

健全な批判精神を持った客観的な思考法です。従来の考え方や前提にとらわれず、「どうしてこうなっているのか」「本当にこの方法でよいのか」と問いかけることにより新しい着想を得て、現状をより良い方向に導きます。

● 多面的視野

ひとつの事象や課題に対して複数の異なる角度からのアプローチを行う能力です。

● 俯瞰力

物事の全体像を把握する能力です。現在だけでなく、今後の見通しまで広く見通すことができるかどうかも含みます。

これらのコンセプチュアルスキルは、考え方や心構えに近いかもしれ

ません。このため、普段からこうしたスキルを意識することにより、日常
業務の中で高めていくことが可能です。また、社内研修を活用して、一定
基準以上のコンセプチュアルスキルを習得しているトレーナーから学ぶ
こともできるかもしれません。それだけでは十分でないと思ったら、会社
以外の外部研修を活用する手もあるでしょう。コンセプチュアルスキル
は多岐に渡りますし、個々の要素もそれだけで奥が深いのは確かです。
テーマごとに研修を受けたり、勉強会を探すなどしてスキルアップを図る
ことも考えましょう。

会社員で経験していない業務は 依頼されない

　さてここからは、こうしたテクニカルスキル、ヒューマンスキル、コンセ
プチュアルスキルを、どこまで高めて、どのタイミングでフリーランスに転
向するのかについてお話しましょう。「こうするのが正解」という解がある
わけではありません。最終的にはご自分で判断していただくしかないの
ですが、そのヒントはご提供できます。

　まず、お薦めしないのが、ロースキル状態でのフリーランス転向です。
ロースキルとは、同一の開発言語の経験が2年未満であったり、製造ま
での下流工程しか経験を積んでいなかったりといったように、保有する
スキルレベルが低い状態を指します。実際のところ、ロースキルでもフ
リーランス転向は可能ではあります。案件もそれなりにあるのは事実で
す。ただし、フリーランス転向後のキャリアアップや収入アップが非常に
厳しいのが現状です。なぜかというと、フリーランスになってしまうと会
社員のときに経験を積んだ工程までの業務しか受けられないのが基本
だからです。

　会社員であれば会社にはあなたを教育する場を提供する役割があり
ます。それによるメリットが会社側にあるからです。でも、フリーランス
の現場にはそういった役割はありません。クライアントにフリーランスの

エンジニアを育てるメリットはありません。即戦力として、あなたが保有しているスキルで業務にあたることを求めています。もちろんその中で、自分のスキルアップを図ることはできますが、下流工程しか経験を積んでいないITエンジニアが、急に上流工程を任されることはフリーランスの現場ではないのです。フリーランスのエンジニアに「キミ、上流工程もやってみないか?」というプロジェクトリーダーがいるでしょうか。

　では、フリーランスになる前にどこまでスキルを上げておけばいいのかが知りたいところでしょう。それは一概には言えません。それを決める根拠となるのが、皆さんのキャリアビジョンやフリーランスとしてどれくらいの収入を求めるか、です。私の経験上、自分が主担当として臨んだ詳細設計の経験が2年以上あれば、フリーランスとしての求人に応えられるレベルだと思います。そこからは、基本設計、要件定義、プロジェクトリーダー経験、プロジェクトマネジャー経験というように、より深く高度な上流工程やマネージメント経験があればあるだけ、収入に反映されたり、より多くの案件の中から選べるよう選択肢も増えたりするようになります。

フリーランスはスキルシートでアピール

　フリーランスに転向する際は、まずスキルシートを作成し、フリーランス転向に強いエージェントに相談しましょう。これまで積んできた経験やスキルでフリーランスに転向したとして、それでどれくらいの収入が見込めるのかがわかります。それが自分の希望とマッチしていれば転向のタイミングとしては合っています。

　一方、皆さんがフリーランス転向後に求めている収入や、キャリアビジョンに向く案件がない場合は、これからどんなスキルを習得しどんな経験を積めばよいか、エージェントからアドバイスをもらうとよいと思います。必要なスキルが今の会社で習得困難な場合は、フリーランス転向前に、自分にとって必要な経験を積める会社にいったん転職するのが有

効になる場合もあります。副業が許される環境ならば、クラウドソーシングなどを活用して案件を受注し、経験を積むことで、スキルシートに書けるテクニカルスキルを充実させるという方法もあります。

　フリーランスに転向することがゴールではありません。フリーランスになることがそれ以降、中長期的にITエンジニアとしてキャリアアップすることや、キャリアビジョンの実現に役立つのかどうか。それを常に考えながら進む道を見極めましょう。

フリーランス、
こうすればうまく行く

　本章では、転職、フリーランス転向、起業という3つのステップアップのタイミングについてお話ししています。実は、ITエンジニアの方から一番多くご相談を受けるのがフリーランス転向についてです。そこでもうすこしフリーランスについては深掘りし、実際にフリーランスに転向する際に、どのように進めていけばいいのかについてお話していきます。

　大まかな流れは次の通りです。

　① 最新のスキルシートを用意する
　② フリーランス専門エージェントに相談する
　③ エージェントを決め、スキルシートの記載を整える
　④ 退職日を決める
　⑤ 営業を開始し、クライアントと面談する
　⑥ オファーを受け、案件を決定する
　⑦ 退職手続きを行い、フリーランスの案件開始に備える
　⑧ 開業届を提出する

　前職との関係などにより変わってくることはあるでしょうが、このような流れで進めていくのが基本形です。

　スキルシートについては、ここまで何度か、現状把握のためにスキルシートの作成をお薦めしました。これをもとに、フリーランス転向に動き始める際に、その内容を最新の情報にしておきましょう。

　次に、エージェントを探します。フリーランス専門のエージェントがあるので、最初の転向時のサポートが手厚いかどうかという観点を重視して探し、どこかの時点でいずれかに決めます。エージェントを探すには、

自分でWebなどを通じて探してもいいのですが、もし知人にフリーランスのITエンジニアがいるのならば、その人が利用しているエージェントを紹介してもらうのも有力な選択肢です。それまでの経験から、そういう人とのつながりはできていることでしょう。この段階では、可能ならばそういう人に頼ってみることも考えてください。

あるいはフリーランス専門エージェントにいくつか申し込んでみて、最初にさまざまな相談してみるのもよいと思います。自分のスキルでフリーランス転向が可能なのか、見合った案件があるのか、報酬はどれくらいになるのかなど具体的に相談してみましょう。営業担当との相性もありますから、エージェント選びだけでなく、どの担当者に仲介を依頼するかの見極めも大切になります。

任せられる
エージェント担当者を見つける

案件探しを複数のエージェントで並行して行うことも可能ですが、このやり方は個人的にはあまりお薦めできません。案件が決まらないときのために保険としてそうする人がいるのは確かです。ITエンジニアのニーズを考えると、自分のスキルがフリーランス転向に十分見合っていて、実績のあるエージェントであれば、案件が決まらないことを心配する必要はほとんどありません。

フリーランス転向は転職と違い、案件が決まって完了ではありません。エージェントの営業担当が、クライアント企業とのやり取りや、皆さんのフリーランス活動をサポートするために伴走します。そのため、エージェント企業や営業担当個人との信頼関係も大事です。特に、初めてフリーランスに転向する際はわからないことの方がほとんどですから、信頼できる営業担当を1人に決めて担当してもらうほうが安心して任せられると思います。エージェントの営業担当側も、他社との並行がなくすべて任せてもらうほうがやりやすいでしょう。自分が担当するITエンジニアにとっ

てベストな案件をじっくり探し、営業活動を行うことができます。

　どういう営業担当を選ぶかに関しては、実績や経験、スキルシート添削などの能力を見ればよいと思います。あなたの経歴やITスキルに対して理解と知見があり、適切なフィードバックができ、あなたの経歴からアピールポイントを引き出してスキルシート上に表現できる腕がある営業担当を選びましょう。エージェント探しは、担当者探しと言っても過言ではありません。安心して任せられる担当者が見つかるまで、じっくり探すことをお薦めします。

退職日が決まった段階で営業開始

　ITエンジニアのフリーランス業界の約束事として、現職の退職日を決めてから営業を開始するというものがあります。関係各所でのトラブルを防ぐために、エージェント側がこういった約束事を設けるのが一般的です。フリーランスに転向する決意を固めたら、まずは現職の職場に相談し、退職日を決めます。退職することが決まってから、案件を探す営業活動を開始しましょう。職場に退職希望を伝えるところが、皆さんにとって一番エネルギーが必要になるところかもしれません。エージェントの担当者には納得のいくまで相談してから、退職の決断をするとよいと思います。

　営業が始まると、営業担当から案件の案内が来ます。希望する案件に応募することで、営業担当が面談の日程調整を行い、クライアントとの面談を進めていきます。多くの場合、1回ないし2回の面談を経て、結論が出ます。ここでクライアントからオファーが来た場合は、それを承諾する／しないで選択があります。承諾した場合、その案件に入ることが決まり、エージェント企業から発行される注文書に同意することで、案件に入ることが確定します。その後はエージェント企業との必要なやり取りを行う一方で、現職での引継ぎや退職手続きを遅滞なく進めます。こうした諸手続が万事済むと、いよいよフリーランスとしての活動がスタートし

ます。

　エージェント企業では、財務面や法務面のサポートを行っていますから、そちらも活用しましょう。その中でも大切なのが、「開業届」の提出です。開業届を住んでいる地域の税務署に提出することにより、節税効果が高い青色申告で確定申告ができるようになります。開業届とともに「青色申告承認申請書」を税務署に出すことで、この手続きが完了します。青色申告では経費に計上できる項目も増えます。社会人であれば税務は必須ですし、フリーランスである以上、会社員時代よりもはるかに税務処理は重要です。自分で勉強したり、税理士に相談したりしながら取り組みましょう。

　青色申告にしたフリーランスならば、赤字が出ても最大3年間は繰り越すことができます。赤字が出た翌年以降に黒字化できれば、黒字分から繰り越した赤字分を差し引ける仕組みです。これにより所得が調整され、差し引き後の金額に税金が計算されるため、黒字化後の節税にもなります。フリーランスとして活動したのちに起業するといったような場合には、法人化後の税務もフリーランス期間の確定申告書を提出し引き継ぐことができるため、開業届および青色申告の申請手続きは行っておくことをお薦めします。

　これでいよいよ、フリーランスのITエンジニアとしてのスタートを迎えます。転職と同様に、フリーランス転向も最終目標ではなく、キャリアビジョンの実現というゴールに向かう、新たなスタートです。業務内外問わずスキルアップに励むことや、会社員のとき以上に交流を増やし、横のつながりを作ることも大事になります。

　ここで、フリーランスとして活躍している先輩方の体験談をご紹介します。ぜひ、フリーランス転向のイメージを高めて、自分のキャリアビジョンや、今後のキャリア形成に生かしてください。

フリーランス転向により年収が増えて残業もなくなった！

Kさん（30代前半）

職種　バックエンドエンジニア（PHP）

フリーランス歴　7年

　フリーランスを目指したのは、自由な働き方、余裕のある働き方がしたかったからというKさん。会社員時代と比べて年収が増え、残業がほぼなくなりました。さらに、その時々に自分が手がけてみたいテーマに合わせて案件を選べるという自由も手に入りました。結論から言うと、フリーランスになったのは成功だったと自負しています。

　自分で確定申告をするため、税金についてかなり勉強が必要だったとのこと。その結果、Kさんにとっては予想外でしたが、お金や税についてくわしくなったこともよかった点でした。フリーランスにならなかったら、ここまで考えることはなかっただろうなと振り返ります。これからフリーランスに転向することを考えている人には、この点、つまりお金や税金について知識を増やすことが大切である点は伝えておきたいとのことでした。

　また、業務経験やスキルよりも、身だしなみやコミュニケーションのところを見られことも多いようです。この点は意外でしたが、案件によっては服装や人付き合いなど、思っていたよりも“フリーランスっぽくない”ところを求められるケースがあるかもしれません。このため、Kさんからは一般的なビジネスマナーなど、フリーランスになる前に社会人として基本的なことは押さえておくことも大切というアドバイスももらいました。

　スキルについては、フリーランスになっても努力は必要なので、日頃から努力できる習慣を身に付けておくことも必要と強調していました。

　Kさんは、いずれは法人化することを計画しています。IT業界やITエンジニアという枠組みに縛られず、自由にさまざまな経験を積んでいきたいと考えています。

案件を選べたことにより
有名ゲーム機の開発に参加できた

Mさん（40代前半）

職種　組み込みエンジニア、PMO
フリーランス歴　6年

　家族を守れる経済力を重視してフリーランスエンジニアを目指したMさん。案件を自由に選べることがフリーランスの魅力だったと語ります。フリーランスになったことで、有名ゲーム機開発に携わることができました。また、スキルや業務内容に見合った単価交渉を行うことで、毎年約10万円ずつ月収を上げることができています。

　これからフリーランスになることを目指す人には、ぜひキャリアプランを大事にしてほしいと伝えたいとのこと。フリーランスになった先にどんな人生にしたいかキャリアプランをまず立てて、フリーランスになってからもそこに向かう勉強や仕事や努力を続けてほしい。それが成功の鍵であるというアドバイスをもらいました。

ヒューマンスキルはやっぱり大事です

Oさん（30代前半）

職種　Webデザイナー
フリーランス歴　2年3か月

　Oさんは、フリーランスの魅力はスキルに見合った収入が得られ、自分のやる気次第で能力以上のことにもチャレンジすることができるため、さらなるスキルの習得ができる点にあると考えています。自分の看板で仕事しているので、自分に対して自信もつきました。また、自分次第で人間

関係を変えていくことができるため、それ以前より大きく視野が広がったのも、フリーランスを選んだことのよい影響だそうです。

　Oさんは、自分の個の力を伸ばすだけではなく、それぞれに強みを持った仲間と一緒に、より広い分野で貢献できる仕事をしていきたいと考えています。そのため、将来の起業を見据えて、フリーランスを選択しました。

　ただ、これからフリーランス転向を目指す人には、言っておきたいこともあるとのこと。働き方が多様化する昨今、「好きなときに好きな仕事ができそうだから」という理由でフリーランス転向を考えている方もいるかもしれません。でも、実際に自分がそのように仕事ができるようになるためには、「やりたくないこともやらなければならない」「寝食を惜しんで勉強や仕事をする」という、いわば修行期間が必ず必要である点は知っておいてもらいたいとアドバイスしてくれました。「そこで投げ出さずに頑張っていただきたいです！」というエールも送ってくれました。「リスク承知の上でどこまで自分の看板で世の中に通用するか試したい！」という方には、何よりまず一歩踏み出してみましょうと背中を押してくれました。

　また、AIが何でも生み出せるようになっているため、テクニカルスキルを磨くだけでなく「お客様に寄り添い、声に耳を傾け、最適な解決策を提案する」というヒューマンスキルも絶対に必要だと、Oさん自身仕事をする中でひしひしと体感しているそうです。「あなたに仕事をお願いしたい！」と思われるような人になれるよう、ともに努力しましょうと言ってくださいました。

自分が作ったアプリなどの実績を
アピールすべし

Aさん（40代前半）

職種 インフラエンジニア（AWS）
フリーランス歴 5年6か月

　会社員時代に、子供が生まれたからといって給料、働き方いずれもなかなか変えられないという状況を経験。家族のために経済力と時間を重視ししたいというキャリアビジョンを持つようになり、フリーランス転向を目指しました。

　コロナ前からリモートワークを中心に案件に携わっていたAさんは、やはり毎日出社が必須だった会社員時代に比べて家族と過ごす時間が格段に増えたことを、フリーランスになってよかった点に挙げてくれました。また、自分の実力をより広く評価してもらえたこともフリーランスのメリットと思っているそう。社内の評価ではなくIT業界での自分の市場価値を知ることができました。

　会計や法務の勉強をすることで、今まで見えないところで支えていてくれたさまざまな人の仕事を知ることができたのも、いろいろ自分でやらなければならないフリーランスの側面だとか。あらためて感謝の想いでいっぱいになったそうです。今では法人化まで実現しています。

　これからフリーランスを目指す人には、フリーランスになってからの評価は、技術面はもちろんのこと、業務を円滑に進められるコミュニケーション力も重視される点は伝えておきたいとのこと。フリーランス転向前に仕事をするうえでのコミュニケーションを適切に取れるようになっておいたほうがよいというアドバイスをもらいました。

　また、テクニカルスキルという点では、自分で学習しない限り新しい技術を学ぶ機会がなくなるので、常日頃から自分の扱うジャンルの最新情報をキャッチするといったように、学習する習慣をつけておかないとならない点を伝えておきたいそうです。同時に、自分が作ったアプリや採用

事例の記事など、自分の実績をアピールできるものをどんどん発信してく
ことを提案してくれました。

うまくいかないときも
切り替えがしやすい

Mさん（30代後半）

職種　プロジェクトマネジャー、PMO

フリーランス歴　3年

「ネガティブな理由になりますが……」と前置きしたMさん。会社員勤
めの5年間、ほとんど給料が変わらなかったことに加え、身に付けられる
のが自分の会社でしか通用しない技術であるという閉塞感を強く感じて
いました。転身するとしても実力不足で身動きが取れなくなってしまうと
いう不安が強かったそう。きっかけはそうした理由でしたが、あらためて
キャリアビジョンを考えたときに、いずれは報酬も仕事内容も自分の裁
量で選べるようになりたいという思いが強く、いずれはフリーランスにな
ることを思い描きました。そうしたキャリアビジョンのもと、転職によりス
キルを蓄え、フリーランスに転向しました。

　Mさんは、フリーランスの魅力を努力次第で収入を上げやすく、案件
を選べるので色んな開発現場を経験できることと説明してくれました。
金銭面や人間関係などでいやなことがあったり、多忙な日々が続いたり
しても、「いざとなったら別の案件に切り替えればいいや」と思えるので
心の余裕が持てるのがいいところだろう。

　これからフリーランス転向する人には「最初の一歩を踏み出すのはド
キドキしますが、意外となんとかなります」と、安心させてくれるコメント
をしてもらいました。自分の選択でさまざまな経験を積むことができて、
フリーランスになったほうがキャリアアップもしやすいと実感しているそ
うです。そのため、「迷っている方、興味のある方はぜひフリーランスに

チャレンジしてください!」と伝えたいとのことでした。

踏み出すのに
時間がかかったのが残念……

Mさん（40代前半）

| 職種 | プロジェクトマネジャー、プロジェクトリーダー |
| フリーランス歴 | 5年7か月 |

「30代で年収1000万以上を稼ぎたい!」が、フリーランスに転向するときにMさんが持っていたキャリアビジョンでした。新卒で入った会社に12年務めましたが、自分の可能性をもっと広げたいという考えが強くなり、世の中で本当に必要とされる人材になることを目指しています。

Mさんがフリーランスとして携わった現場で印象深いのは、若手のころから責任を与えられ、挑戦させ、経験を積ませてくれる会社での案件のこと。そこでは、若くて優秀な仲間とともに仕事をすることで、自らのスキルを向上させるというモチベーションが高まりました。また、自身のスキルや経験がどのように評価されているかを知ることが自信につながり、必要なスキルを習得する方向性も見出せたのも、フリーランス後のほうが顕著だったそうです。

自らの単価を自分で設定できるため、案件が変わるたびに収入を増やし、年収は会社員時代の2.4倍になりました。会社員時代は業務以外の社内手続きや申請に時間を費やしていましたが、フリーランスになってからは業務に集中できるようになり、その結果、残業がなくなり、また休日も取りやすくなったそうです。

安定志向と自分を分析するMさんは、フリーランスとしての一歩を踏み出すまでには時間がかかりました。しかし、実際にフリーランスとなった今では、20代のころから行動しておけばよかったと今では少し後悔しているそう。最初は自分のスキルが十分に通用するか不安でしたが、案

件が変わるたびに、次に身に付けたいスキルを見極め、それに基づいて仕事を選択することで、徐々に単価を上げていくことができました。挑戦しなければわからないこともありますので、自らを奮い立たせるために「えいやっ」と自分で背中を押すことも大切だと思うと教えてくれました。

フリーランス転向後のビジョンは？

　最後に、フリーランスに転向したあとの中長期的なキャリアパスについてお話ししておきましょう。40代あるいは50代以降でもフリーランスの仕事があるのかという質問をいただくことがあります。答えは「人によります」です。

　ここ数年、会社員、フリーランス、経営者問わず、企業や職種に保証を求める時代は終わりつつあると強く実感しています。自分の力で人生を切り拓き、自分の力で自分の人生を保証していくことが求められます。そのためには、やはり長期的なキャリアビジョンを描くことが重要で、それに基づき20代や30代のうちから準備し、力を付けておくことが大切になります。

　ITエンジニアのフリーランスでは、マネージメント領域での力がある人なら、40代以降も長く活躍している人が比較的多いと言えます。テクニカルスキルだけでなく、ヒューマンスキルやコンセプチュアルスキルを磨く重要性はここにもあります。

　法人を設立することで、将来に備える人もいます。フリーランスとして業務委託で働くという働き方は変わりませんが、個人が受注するのではなく、自分の会社を通じて案件を請け負うという契約になります。それによって、税制面で優遇され、また社会的信用も上がるというメリットがあります。

　メインの案件はエージェントを通じて獲得するとして、それ以外にも自分で営業を行い、案件を掛け持ちする人もいます。そういう働き方もフリーランスならではでしょう。法人でなければ契約できない案件やサー

ビスもあるため、そういうときにも法人格を所有していることは有利に働きます。そうやって、並行して案件に取り組んだり、自分で開発したサービスをリリースしたりすることを通じて、自分の事業を拡大する道もあります。

　フリーランスになったからと言って、ずっとフリーランスでいなければならないわけではありません。中にはフリーランスを経験したあと、会社員に戻る人もいます。フリーランスで積んだ経験や実績をもとに、好待遇での転職をするようなケースです。退職してからも、前職の企業とは良好な関係を構築していたことから、もともと所属していた古巣に管理職として戻った人もいます。フリーランス時代の実績を、転職に生かすということもできるのです。

　ここ数年、さまざまな業種でITを業務に取り入れるデジタルトランスフォーメーション（DX）が産業全体で進んでいます。そういった際に、CTO（Chief Technology Officer）と呼ばれる最高技術責任者が、企業のIT部門を仕切っていきます。フリーランスで活躍している人の中で、テクニカルスキルだけでなく、人を束ねるヒューマンスキルを兼ね備えている人が、ヘッドハンティングによって企業のCTOに就任するケースもあります。ヘッドハンティングには、別の会社から引き抜くだけでなく、フリーランスからの一本釣りもあるのです。もちろん、それにはスキルと知識、実績をそれに見合うレベルまで備えておく必要があるのは言うまでもありません。

　いずれにしてもフリーランスへの転向を成功させ、さらにその先のキャリアを切り開いていくためには、目の前の業務をただこなすだけでなく、テクニカルスキル、ヒューマンスキル、コンセプチュアルスキルを磨くこと。そして、職場だけでなく周りとの良い人間関係を主体的に築くことが、中長期的なキャリアパスにとって重要になります。

起業するタイミングは？

　キャリアビジョンの実現のためには起業するのが最もよい選択肢になることもあります。もしかするとキャリアビジョンに起業が描かれている人もいるかもしれません。実は私もその1人でした。私が起業したときと比べると今は、特にIT領域での起業は踏み出すハードルが比較的下がっているように感じます。技術革新が進み、ITスキルが一部の限られた人が持つものではなく汎用的になってきています。起業に関する情報がオープンに取得できるようになっていることも、その要因でしょう。IT業界だと、製造業などに比べて初期経費や運転資金を抑えられるといった資金的に有利な面があります。クラウドファンディングのような仕組みで資金を集めることもできるようになっているのも大きいでしょう。

　このため、最近では学生時代から起業することを視野に入れ、最初からそのつもりでインターン経験を積むような20代に出会うことも増えてきました。そういう人に話を聞くと、右肩下がりの日本経済を幼少期から体験してきて、自分の力で切り抜けていくことのできる環境を作る必要性を感じているひとが多いという印象を受けます。

　逆に40代中盤まで大手企業で勤め、それまでのITエンジニアとしての実績や人脈をフル活用して、所属していた企業のバックアップを受けながら起業する人もいます。起業するタイミングというのは、ITエンジニアとしてどれだけキャリアを積んだかとは別の軸にあります。このため、転職やフリーランス転向よりもさらに、「人によってタイミングは異なる」側面が強いというのが現実です。

　また、起業後にどのような事業をするのか、どのようなサービスを作るのか、どのような形で起業するのかという構想も、人によってさまざまでしょう。なかなか類型化、パターン化しづらい話です。そこで、ここでは

その一例として、私がどんなタイミングでどんな準備をして起業したのかをお話しすることで、起業の際の参考になればと思います。

転職やフリーランスとは異なる決断に

　まず、キャリアビジョンを描くというスタートラインは同じでした。ITエンジニアとして会社で働いているときに、自分のビジョンや目標も持たずに会社に依存していた自分自身に気付いてがくぜんとしたことをきっかけに、自分にとってのゴールを考えるようになりました。ITエンジニアとして働き続けるとしても、自分のゴールは必要です。このため、ある時期に集中してキャリアビジョンについて考え抜きました。

　その結果、「決められた時給の中で働くのではなく、自分で時間や仕事に付加価値を付けた分だけ収入を得てみたい」、「収入も時間も管理下において自分で働き方を決めたい」、「目標に挑戦し続ける自分でありたい」と、自分の理想を具体的にしてみました。これが私にとって最初に描いたキャリアビジョンです。そこから逆算して考えていくと、会社員やフリーランスのITエンジニアの延長線上には実現の道がなく、起業して経営者になることにより、キャリアビジョンを実現する可能性があることがわかりました。

　そこからはご縁があった経営者の方に教えを乞いました。スポーツや武道の道では良き師を持つことが重要だと言われます。私は幼少期に空手や剣道を習っていたこともあり、経営という道に進む際もまずは「師」を決めることにしました。ITエンジニアが経験を積みながら上達していくのと同様に、経営者としての能力も起業して経験を積みながら磨くものだとは考えています。ただし、起業前に事業を継続させていくための基本的な力を備えておくことは必要です。経営について"ロースキル"のまま起業してもうまくいかないことは容易に想像できました。そこで会社経営に関しては、働きながら週末にトレーニングすることにしました。具体的には次のようなことが重要と教わりながら、それぞれについて習得して

きました。

- ビジョンを描き方向性を示すこと
- 目標設定能力（成果目標および行動目標）
- 事業計画を立てること
- 目標達成能力
- 実践力
- 形になるまで継続する一貫性
- 自己管理能力
- キャッシュフロー管理
- 営業力（新規開拓力）
- コミュニケーション能力
- 組織作り
- マネージメント
- リスク管理

こうして並べてみるとIT系だから、起業だからといって特別なことは何もなく、会社員、経営者を問わず、ビジネスパーソンとして大切だと言われていることばかりに見えませんか？　確かにその通りだと思います。

ただし、「知っている」と「実践できる」と「結果にできる」には違いがあります。たとえば、野球を「知っている」と「実践できる」と「結果にできる（プロとして稼げる）」には大きな違いがありますよね。野球について知っているだけの人と、野球部の部員として野球をやったことがある人と、プロとして野球で飯を食べている人との間には、それぞれ大きなギャップがあるわけです。どれだけくわしく知っている人でも、プレー経験のある人との間には埋められない部分があるでしょう。

同様に、ビジネス書を読んで理解したことと、それを実践することにはギャップがあります。そして実践を継続し、その中で自分を磨き、求めている結果を作ることにも大きなギャップがあるのです。私が学んできた過程では運のいいことに、模擬的に経営に携わるOJTのような形で、会

社員を続けながら経営の実践経験を積む機会に恵まれました。そのときの経験は、実際に自分で経営する際の大きなアドバンテージになりました。そして能力に関しても、今でも自分が完璧であると感じることはなく、まだまだ仕事の中で自分を高めている過程です。

起業ならではのお金と人間関係

　事業を起こし継続させていく中でボトルネックになるのが、「お金」と「人間関係」です。これは、企業が倒産するときの2大要因でもあります。そのため、後々必ず大事になる難しいポイントとして、この2点については起業する前にトレーニングを行いました。一例を挙げると、イベントの企画運営でした。自分から手を挙げて小さな飲み会の幹事となって企画するところから始め、最終的には1000人以上を集める音楽イベントを成功させました。その中で、集客、価格設定、会場の手配、ミュージシャンとの出演交渉、スタッフへの報酬支払いなど、ビジネスで経験するお金の流れを体験できたのは、貴重な経験でした。人を集めて価値を提供し対価を得るという商売の基本を、実体験を通じて学ぶことができたわけです。収益を出せたこともあり、自己資金で起業することができました。さらに事業を拡張するタイミングでちょうどいい規模の融資を受けるという機会に恵まれ、ここまで良い形で進めて来られました。事前のトレーニングが功を奏したと本当に思いました。

　お金のトレーニングと並行して、起業した際に必要となる人脈形成も同時に進めていました。前述のイベント企画は、人脈作りのトレーニングも兼ねていました。法人や自分の店舗がない段階だったため、自分の身一つで新しい人と新たな人間関係を構築し、集客につなげていかなくてはなりません。知り合った人の人脈から、また別の人を紹介してもらえるように、自分が信用してもらえるどうかにも心を砕いてきました。一度会って終わりではなく、ファンやリピーターとなってくれる人が増やせるかどうかも重視したポイントです。インターネットやSNS上でどれだけ知

り合いが増えても、事業を立ち上げることはできません。泥臭く汗をかくアナログ的な経験の中で、新規開拓や人脈を作る力を磨いてきたことが、今の私の土台になっています。実際、起業する際の仲間や取引先は、そうやって育んできた人間関係の中から生まれています。このように事前準備から起業後のプロセスまで含め、先輩経営者から学ぶことができる場所を探して、その中に入っていくようなことにも時間を使いました。「学ぶ人」と「学ぶ場所」を決め、実践形式で十分な準備を行ったこと。その準備が整ったときが、私にとっての起業のタイミングだったと考えています。

おわりに

　本書をここまで読んでくださった皆さんには、もう頭に入っていることかもしれませんが、本書では

① キャリアビジョンを決める
② 職種、キャリアパス、雇用形態の方向性を決める
③ アクションプランを立てて実践する
④ 就職・転職して仕事を始める
⑤ 就職・転職後のキャリアアップ
⑥ さらに次のステップアップ

というプロセスが、ITエンジニアになる前の準備から、ITエンジニアになったあとのステップまでであると、一気にお話してきました。特に、①キャリアビジョンを決める、ということが重要であることは繰り返しお伝えしました。しかし、キャリアビジョンが固まっていなかったり、あるいは②から⑥までのステップのことを完璧に理解していないと動けないということはありません。逆に、まず一歩動き出すことによって景色が変わり、次の方向性が見えることもあります。ITエンジニアのことをより深く知ることにより、当初は思ってもいなかったキャリアへと踏み出す可能性が出てくることもあるでしょう。多くの経験を積み、多くの人や仕事に出会う中で、自分自身も必ず成長することでしょう。それとともに、キャリアビジョン自体も成長していきます。本書で紹介したケーススタディからもわかるように、ITエンジニアには多くの道があります。どの道を選んだとしても、自分のキャリアビジョンに沿って、結果が出るまで努力することによって正解にすることができます。

私自身、地元の九州からIT企業への就職で上京したときには、まさか自分が経営者になるとは思ってもいませんでした。ITエンジニアとして働く中で、会社勤めを続けることに違和感を感じ、それが自分の人生のゴールを決めてないことが原因であると気付けたことが大きなターニングポイントでした。そのきっかけとなったのは、さまざまな人との出会いや書籍などを通じた発見でした。そこから経営者の道を志し、ハードワークを続けることにより、当時描いたキャリアビジョンはすべて実現させることができました。

　今は、今なりのキャリアビジョンがあり、それに従って次のゴールに向かっているところです。努力に見合った報酬を得ていることや、仕事や家庭を含めたすべてのスケジュールを管理できる自由があること、仕事仲間とよい人間関係を築けていることなど、達成できたものは多くあります。中でも、一番価値を感じているのは、仕事や人生において自分の目標を持ち、それに挑戦できていることです。そして、挑戦するということは、失敗やうまくいかないこととセットであることも事実です。「一番大きな失敗は何ですか?」と聞かれることもありますが、たくさんありすぎて覚えていません（笑）。それぐらい仕事に夢中になっていることや、生涯現役で仕事に打ち込もうと思えていることは、私が幸せであることを示す一つの形だと思っています。今も「チームの力でITエンジニアの価値を最大化する」というミッションのもと、日々挑戦を続けています。

　皆さんがこれから進むITエンジニアとしてのキャリアにおいても、同じように挑戦と失敗を繰り返しながら成長があることと思います。ITエンジニアとしてキャリアビジョンというゴールを決めてスタートすることは、旅行と同じだというお話をしました。旅行でも計画通りにいかないことや、トラブルに見舞われることがあるでしょう。それらに対応しながら歩みを進めることも旅の面白さだったりします。ITエンジニアとしての"旅"も同様に、目標に向けて進

む過程で障害があったり、課題に向き合うことがあります。その一つひとつに向き合って解決し、さらに前進していくことで、IT エンジニアとしての成長につなげることができます。あらゆる経験が、その糧になります。そしてその旅の中で、新しい仲間と出会ったり、何度もキャリアビジョンを成長させながら、IT エンジニアとしてキャリアをより面白くより価値のあるものにしていけると思います。

　ぜひ、IT エンジニアとしての旅を楽しんでください。

　本書の出版にあたり、日経 BP の仙石さんにご尽力いただきました。ありがとうございました。また、出版の機会を作ってくださった諸先輩方にも感謝いたします。そして、貴重な体験談を共有してくださった、スクール卒業生や一緒に働くエンジニアの皆様にも感謝いたします。

　最後に、皆さんの IT エンジニアとしての旅が幸多からんことを願っています。

2024 年 4 月

小野 歩

著者プロフィル

小野 歩（おの あゆむ）

株式会社テックワークス代表取締役。

システム開発、プログラミングスクール運営、IT人材の
キャリア支援など、IT関連事業を幅広くを手掛ける。
大分県大分市生まれ。2005年に九州大学大学院を卒業
後、日本電気株式会社（NEC）に入社。バックエンドエン
ジニアとしてキャリアをスタート。4年間の会社員生活で
ITエンジニアとしての基礎を培う。
独立後は、高い技術力とヒューマンスキルを兼ね備えた
ITエンジニアによるプロフェッショナルチームを作り、顧
客に最適なシステムサービスを提供している。また、ITエ
ンジニアの価値を高めることを目的に、キャリアアップ事
業「tecUp」とプラットフォーム運営事業「tecHub」にも
注力している。毎月開催しているITエンジニア向けの勉
強会にはこれまで延べ2000人以上が参加。個人として
も、1000人以上のIT関係者のキャリア相談にのり、100
人以上のキャリア支援を成功に導いている。

ITエンジニア 働き方超大全

就職・転職からフリーランス、起業まで

2024年 4月30日　　第1版第1刷発行
2024年 5月22日　　第1版第2刷発行

著　者　　小野 歩
発行者　　中川 ヒロミ
編　集　　仙石 誠
発　行　　株式会社日経BP
発　売　　株式会社日経BPマーケティング
　　　　　〒105-8308 東京都港区虎ノ門4-3-12

装　丁　　　　小口 翔平 ＋ 嵩 あかり（tobufune）
デザイン　　　株式会社ランタ・デザイン
印刷・製本　　図書印刷株式会社